Insel-
Fieber

Ulrike und Heinz Gsodam

Insel-Fieber

Mit dem Segelboot zu den Chagosinseln – eine Abenteuerreise als Weg zu sich selbst.

Wir danken Herrn Robert Leutkawäger für sein Engagement bei der Buchproduktion. Wir danken Frau Christa von Andrian und Frau Mag. Gerda Helscher für die Anregungen und Korrekturlesearbeiten und ganz besonders Herrn Dkfm. Ernst Kochne, der sich in allen Entwicklungsstufen des Buches als Korrektor zur Verfügung stellte.

Text: Ulrike Gsodam, unter Mitarbeit von Heinz Gsodam
Verse: Heinz Gsodam
Fotos: Ulrike und Heinz Gsodam

Umschlaggestaltung und Layout: Grassl-Grafik, D-83471 Berchtesgaden
Satz: Robert Leutkawäger, A-4820 Bad Ischl
Druck: Berchtesgadener Anzeiger

ISBN 3-9500937-0-2

Wie jede Blüte welkt und jede Jugend
Dem Alter weicht, blüht jede Lebensstufe,
Blüht jede Weisheit auch und jede Tugend
Zu ihrer Zeit und darf nicht ewig dauern.
Es muß das Herz bei jedem Lebensrufe
Bereit zum Abschied sein und Neubeginne,
Um sich in Tapferkeit und ohne Trauern
In andre, neue Bindungen zu geben.
Und jedem Anfang wohnt ein Zauber inne,
Der uns beschützt und der uns hilft zu leben.

[Hermann Hesse, Stufen]

ZUR ENTSTEHUNG DES BUCHES

Ich nahm mir vor ein Buch zu schreiben und geriet in des Teufels Küche. Warum wollte ich es schreiben? Hatte es mit Lust zu tun? Ja, mit Lust! Sie war der ursprüngliche Antrieb. Ich weiß noch, wie wir oft mit glühenden Wangen von unserer bevorstehenden Reise sprachen, wie sehr wir dabei Lebenslust verspürten und nach Erlebnissen, Abenteuern und neuen Eindrücken hungerten und uns sagten: Wir könnten doch ein Buch schreiben und sozusagen das Angenehme mit dem Nützlichen verbinden. Und als die Reise begann und die Reiseerlebnisse auch unsere kühnsten Erwartungen übertrafen, verstärkte sich dieser Drang.

Nach viereinhalb Jahren unterbrachen wir sie und kehrten nach Österreich zurück. Ende November 1996 landeten wir – aus Thailand kommend – in Wien. Wenige Tage später saß Heinz an seinem alten Arbeitsplatz in München und ich vor meinem Schreibtisch. Vor mir lag ein ausgearbeitetes Buchkonzept und einige Textfragmente. Ich vertiefte mich in meine Reisetagebücher, betrachtete unsere Dias, hörte mir unsere Original-Tonaufzeichnungen und die in Arabien und Afrika gekauften Musikkassetten an. Durch regelmäßige Meditationsübungen war es mir möglich das Erlebte nachzuempfinden und zu beschreiben.

Es dauerte Monate, bis mir das Schreiben leicht von der Hand ging. Zu groß erschien mir die Kluft zwischen den abenteuerlichen Erlebnissen und den nachdenklichen Passagen. Ich versuchte sie zu schließen, indem ich den Text mehr in Richtung Segelabenteuerbuch drängte. Aber ich merkte bald, dass ich immer an jenen Stellen hängenblieb, wo ich nicht ehrlich genug schrieb. Authentizität sollte jedoch ein Grundpfeiler dieses Buches sein.

Als mir ein Berliner Verlag mein Buchmanuskript mit der Begründung zurückschickte, Segelabenteuerbücher ließen sich nur verkaufen, wenn der Autor bekannt, also ein „Paradesegler" wäre, war ich erleichtert. Die abschlägige Antwort zwang mich mir mehr und tiefere Gedanken zu machen. Danach war ich fähig jenes Buch zu schreiben, das mir schon immer vorgeschwebt war: ein Reisebuch, das auch unsere persönliche Entwicklung miteinbezog.

Ich ließ die Kluft offen und erzählte unsere Geschichten von einer fiktiven Mitte aus, die einerseits Platz bot für Abenteuer und andererseits für Gefühle, Gedanken und deren Verarbeitung. Ich hoffe, dass trotz dieser Kluft – trotz hier Abenteuer und intensives Leben, dort Gefühle und Gedanken – ein einheitliches, wenn auch buntes Bild entstehen konnte. Denn so war unsere Reise und so kann das Leben sein – bunt, aufregend, unvorhersehbar...

Lauffen, im September 1998 — Ulrike Gsodam

Der Traum

INSEL-IMPRESSIONEN

Das Atoll Peros Banhos gleicht einem unregelmäßigen, an mehreren Stellen durchbrochenen Kranz aus Korallen, Sand und Palmen, der nahe am Äquator im Indischen Ozean liegt. Nur dreihundert Seemeilen trennen ihn von den südlichen Malediven, vom Rest der Welt scheint er Lichtjahre entfernt. Wie grüne Perlen reihen sich seine Inseln aneinander, aber sie erfreuen selten jemandes Auge und bringen kaum jemandem Nutzen.

Dabei wären die größeren Inseln, jene mit einem Durchmesser von mehr als dreihundert Metern, durchaus bewohnbar. Einer alten Faustregel zufolge sind sie nämlich in der Lage Süßwasser zu speichern. Früher geschah dies auch so. Da wurden Brunnen gegraben, Häuser und Kirchen gebaut, Obst und Gemüse gepflanzt. Doch heute sind die Siedlungen verfallen und von Rankpflanzen umwuchert.

Ein Urwald aus tropischen Bäumen, Sträuchern und Pflanzen überzieht die Inseln. Die höchsten Palmen bilden zugleich die höchsten Punkte. Wer sich per Schiff nähert, muss ihnen schon sehr nahe sein um sie als dünne, dunkle Striche am Horizont flimmern zu sehen. Wer sie im Flugzeug überfliegt, dem erscheinen sie wie im Meer treibende Spiegeleier, mit grünen Dottern in der Mitte und sandstrandweißen Ringen. Die türkisen Säume rundherum, die Riffe, sind Schöpfungen der Korallen. Ihrer Baukunst ist es zu verdanken, dass es die Inseln überhaupt gibt.

Im Wasser tummelt sich eine Vielzahl tropischer Meerestiere: Schildkröten, Rochen, Haie, Thunfische, Makrelen, Barsche, ... – über Wasser herrschen die Vögel. Zu hunderten nisten sie in den Bäumen oder am Boden. Die Fregattvögel sind die kühnsten Flieger. Wenn sie losfliegen, mit anfangs kräftigen Flügelschlägen, schrauben sie sich mühelos in den Himmel. Über den Inseln schwebend gleichen sie schwarzen, breit gezogenen M's mit einem Strich in der Mitte, der sich hinten tief gabelt. Der Himmel über Peros Banhos ist oft voll geschrieben mit schwarzen Fregattvogel-Buchstaben.

Grün, weiß, türkis und blau. Die Inseln kennen nur vier Farben. In der Morgensonne leuchten sie in ungewöhnlicher Intensität und Reinheit. Nur dort, wo das Meer ins Bodenlose abfällt, an den äußeren Riffkanten, geht das intensive Hellgrün der Riffplatte in ein unergründliches Blau über, in eine Wasserwüste ohne sichtbares Ende.

Manchmal kann es vorkommen, dass sich kleine Störungen in dieser Farbensinfonie ergeben. Die Störenfriede sind allerdings selten, denn ihr Kommen ist an Bedingungen geknüpft, die nicht leicht zu erfüllen sind. Doch von Dezember bis April, wenn die Passatwinde kühlere Luft und Regen aus Nordwesten bringen, kann es geschehen, dass sich irgendwo ein fremder Farbklecks darunter mischt.

Heute, am 12. April 1995, ist ein solcher Tag. Ein greller Klecks leuchtet am westlichen Rand der Lagune. Er hat sich im seichten Wasser über sandigem Grund verankert, am Bug mit einer Kette, am Heck mit einer Trosse. Der Fleck ist ein rot-weißer Katamaran. Zwei Menschen sind dort, ein Mann und eine Frau.

Die Frau wirft einen prall gefüllten Sack nach dem anderen über die Reling. Der Mann fängt einen nach dem anderen auf. Er steht breitbeinig in dem Schlauchboot, das längsseits festgebunden ist und verschwindet fast unter einem kunterbunten Haufen. Sie drückt ihm eine alte Gitarre, ein Notenbuch und zwei dünne Schaumstoff-Schlafmatten in die Hände, wirft einen abschließenden Blick über das leer geräumte Deck und schwingt sich über die Reling. Er startet den Außenborder und die Fahrt beginnt.

Der Motor müht sich kräftig ab. Die Ladung ist schwer. An Bord herrscht Hochstimmung. Sie hockt auf der äußersten Spitze des Buges und klimpert auf den Saiten der Gitarre; er summt zu den Akkorden und grimassiert gegen die Sonne. Ein zufälliger Beobachter hätte das halbnackte Pärchen mit den Sonnenhüten am Kopf vielleicht für die Darsteller einer Klamaukkomödie gehalten.

Aber es gibt niemanden, der sie beobachtet. Die Spiegelei-Insel, die sie ansteuern, ist unbewohnt – wie alle anderen des Atolls. Auf den ersten Blick hebt sie sich kaum von den Nachbarinseln ab, nur bei genauerem Hinsehen bemerkt man, dass sich die Wipfel der Kasuarinen ungewöhnlich hoch aus dem Palmenbaldachin erheben – wie spitze, grüne Nadeln. Der Südostpassat hat sie einheitlich und dauerhaft in dieselbe Richtung gebürstet.

Die Sonne steht hoch, noch fast im Zenit. Am Himmel hängen weiße Wattebauschen, so regelmäßig verteilt wie auf einem Wolkenmobile.

Doch sie können die stechende Kraft der Sonne kaum mindern. Nach kurzer Zeit haben die beiden die nördliche Bucht erreicht. Das Brummen des Motors verstummt. Er klappt den Antrieb hoch und wirft den kleinen, faltbaren Anker ins knietiefe Wasser. Mit den Füßen drückt er ihn tief in den weichen Sand. Das Schlauchboot hängt am Anker und schaukelt sanft. Sie lässt sich Zeit mit dem Aussteigen und genießt den Augenblick.

Am Rande des Dschungels, fast noch am Strand, steht eine Hütte. Vor drei Tagen hat er begonnen sie zu bauen. Nun ist sie fertig, bereit zum Bezug. Ihren Standort entdeckten sie bei der ersten Inselerforschung, als sie zufällig auf die kleine, zwischen Haupt- und Nebeninsel gelegene Lagune stießen und überrascht stehen blieben: Ein ruhiges Wasser lag vor ihnen, breit wie ein See, denn es herrschte Flut, und später, als die Ebbe kam, wurde der See zum Rinnsal und die Lagune trocknete fast aus. Nur an einer einzigen Stelle blieb ein Meerwasserpool zurück. An ihrem Rand wachsen zwei Palmen schräg aus dem Dschungel. Ebendort steht die Hütte.

Sie steigt aus dem Boot, die Schlafmatten unter dem Arm, er folgt ihr schwer bepackt. Gemeinsam waten sie zum Strand und über warmen, weichen Sand auf die Sandbank. Von ihrem höchsten Punkt aus haben sie freie Sicht auf die dahinter liegende Lagune und ihr Camp. Es liegt sehr geschützt. Während die Palmen der kleinen, vorgelagerten Insel im Wind rauschen, sich der Indik mit Getöse am Außenriff bricht und weißschäumende Wellenwalzen ans Ufer schickt, ist von alledem in der Lagune wenig zu spüren. Dort herrscht Ruhe.

EIN ZIEL, IM KOPF GEBOREN…

Wir waren so verschieden wie zwei Schüler nur sein konnten: ich, die gute Schülerin, die dem Unterricht aufmerksam folgte und in den Pausen still und unauffällig war, und Heinz, einer der schlechtesten, der gerne den Klassenkasper spielte und sich vor den Lehrern duckte. Trotzdem ertappte ich ihn manchmal, wie er mich verstohlen aus den Augenwinkeln heraus beobachtete und demonstrativ wegblickte, wenn ich den Kopf in seine Richtung wandte.

Ein Ziel, im Kopf geboren,
du warst dabei sehr jung.
Nie aus dem Aug' verloren,
strebst du danach mit Schwung.

Damals waren wir sechzehn und Schüler der Handelsakademie St. Johann im Pongau. Im zweiten Schuljahr arbeiteten wir in den Winterferien beide als Schilehrer in meinem Heimatort Flachau. Der Zufall wollte es so. Die ganze Woche wechselten wir kaum ein Wort, erst am letzten Tag traf ich ihn auf der Piste mit seiner Gruppe an und wir verabredeten uns zum gemeinsamen Schifahren. Am darauf folgenden Sonntag saßen wir am Doppelsessellift Grießenkar, Sektion 1, und schmiegten uns aneinander. Die Lifte fuhren damals noch langsam.

Ab dem nächsten Schuljahr saßen wir in der Klasse nebeneinander. Nach dem Unterricht machten wir gemeinsam die Hausaufgaben und hatten genug Zeit über so manches nachzudenken. Wir waren Idealisten, Träumer. Schon damals begannen wir nach etwas zu suchen, das von der herkömmlichen Bahn wegführen würde und gleichzeitig mit unseren Idealen im Einklang stehen sollte. Wir wollten einmal anders als die meisten Erwachsenen leben. Freier, druckloser. In einer liebenswerten, nach Möglichkeit selbst gestalteten Welt. Und an dieser Welt bastelten wir in unserer Fantasie.

Eines Tages kam Heinz wieder mit seinem Moped nach Flachau gefahren. In meinem Zimmer im Forsthaus schmiedeten wir Pläne, hatten verrückte Ideen. Ein Gedanke – und ich weiß nicht mehr genau, wer ihn als Erster aufbrachte – fesselte uns vom ersten Augenblick an. Er war seltsam, aufmüpfig, abenteuerlich: „Einmal unendlich viel Zeit füreinander haben …, die Welt und ihre Zusammenhänge von außen betrachten …, Spaß miteinander haben, fern jeder Zivilisation, fern von Pflicht und

Zwängen, ohne Zeitdruck ..., in einer unberührten Natur ..., wie Robinson Crusoe ..., zwei verliebte Kinder ...". Die Idee war so großartig, dass sie uns wie eine Erleuchtung vorkam. Sie gab uns ein Ziel vor, für das zu arbeiten es sich lohnte.

Plötzlich sprang die Tür des Zimmers auf und meine Mutter kam herein. Offensichtlich hielt sie einen Kontrollbesuch für notwendig. Wir starrten sie verlegen an. Auch sie machte ein fragendes Gesicht, sah sie uns doch erhitzt, mit roten Backen, auf dem Bett hocken. Ihre Gedanken waren unschwer zu erraten. Um sie zu zerstreuen setzte ich zu einer Erklärung an.

„Du, Mutti", sagte ich mit fast feierlicher Miene und ein leichter Anflug von Trotz lag in meiner Stimme, „wir zwei möchten einmal aus der Gesellschaft ausbrechen um auf einer Tropeninsel zu leben, nur wir beide ganz allein."

Ein paar Sekunden lang herrschte Stille. Dann drehte sich meine Mutter um. Sie verließ den Raum genauso rasch wie sie gekommen war, ohne ein Wort gesagt zu haben. Nur ihre Hände sprachen. „Dummes Kindergeschwätz", sagten sie. Wir verstanden die stumme Botschaft.

Die Reaktion meiner Mutter war gut, so wie sie war. Hätte sie unsere Idee aufgegriffen und mit uns beredet, wäre sie uns vielleicht selber absurd vorgekommen. Aber so blieben wir allein mit unserer Begeisterung. Wir glaubten einen roten Faden in Händen zu halten und beschlossen ihn freizulegen und zu ordnen – Stück für Stück, Schlinge für Schlinge. Wir wussten zwar nicht, was mit der Zeit alles zum Vorschein kommen würde, aber es machte uns Spaß und schweißte uns zusammen. Den „Traum" versteckten wir im geheimsten Winkel unserer Gedankenwelt, zu dem jahrelang nur wir selbst Zutritt hatten.

Wie Geheimbündler fühlten wir uns, wenn wir ihn von Zeit zu Zeit hervorholten, unter Herzklopfen und mit verschwörerischen Mienen, ihn gründlich besahen und an ihm schliffen und feilten, damit er Kontur annahm. Er riss uns aus dem Schulalltag heraus und verschaffte uns Zugang zu einer anderen Wirklichkeit, aus deren Sicht es leichter fiel, die Werte der realen Welt zu hinterfragen. Daraus entstand ein Wohlgefühl und der

Wunsch, die beiden Wirklichkeiten irgendwann auszutauschen. Irgendwann, sagten wir uns, würden wir uns losreißen und den Sprung ins Ungewisse wagen.

Oft kamen uns Bedenken. Der Weg hinaus in die Welt war doch so elendslang, so ungewiss. Wir mussten erst die Schule zu Ende bringen und die Matura ablegen. Danach wollten wir ein Universitätsstudium anschließen. Und da dachten wir jetzt schon ans Aussteigen. Verrückt war das. Wie leicht konnte uns mit all den Jahren die Lust darauf vergehen. Aber da täuschte ich mich.

Unseren Traum verloren wir nie aus den Augen, auch nicht während unserer Studienzeit. Und er entwickelte sich weiter. Beim „Freilegen und Ordnen des roten Fadens“ tauchte eines Tages neben der Insel eine zweite auf: die mobile Insel Boot. Wir waren sofort begeistert von ihren Vorteilen. Sie war beides – schwimmendes Heim und Transportmittel zugleich. Mit ihr ließ sich nicht nur eine Tropeninsel erreichen sondern die ganze Welt umsegeln. Wir redeten uns in einen Begeisterungstaumel, redeten auf einmal von kompletten Tauch- und Surfausrüstungen, die wir an Bord mitführen wollten. Wir schäumten über vor geplanten Aktivitäten, belegten Tauch- und Segelkurse und lernten Surfen. Die Berge Ostafrikas erschienen uns so verlockend. Mount Merou, Mount Kenia und das Ruwenzori-Massiv. Auf ihren Gipfeln hofften wir eines Tages zu stehen. Alles konnten wir tun, wenn wir erst einmal losgesegelt wären. Unsere angestrebte Freiheit war auf einmal grenzenlos.

Doch ein gut ausgerüstetes Schiff kostete Geld, viel Geld und das mussten wir uns erst verdienen. Nach dem Informatikstudium stieß Heinz eines Tages auf ein verlockendes Zeitungsinserat. Nach einigen schlechten Erfahrungen mit Firmen hatte er diesmal Glück: er wurde freier Mitarbeiter in einem kleinen, seriösen Münchner Softwarehaus. Jeden Montag fuhr er um vier Uhr morgens mit dem Auto los, saß vier Stunden später an seinem Arbeitsplatz und kehrte jeden Donnerstag spät abends nach Wien zurück.

Ich studierte noch, aber es dauerte mir schon zu lang. Deshalb plädierte ich manchmal für einen Ausstieg mit bescheidenen Ansprüchen, einem knappen Budget, auf Gelegenheitsjobs vertrauend. Im Innersten wusste ich aber, dass solches Reisen zwar verlockend klingen mochte, aber doch riskant gewesen wäre. Unserem Ausstieg legten wir deshalb einen maßvollen Ansatz zugrunde. Ein Ausstieg „light" sollte es werden. Wir wollten Brücken überqueren, aber nicht brechen, wir wollten das Gesellschaftssystem kritisch betrachten, aber nicht verteufeln. Flucht war keine Lösung. Es war besser, eine Rückversicherung in der Tasche zu haben – eine solide Berufsausbildung, die uns im Falle eines Absturzes vor einem harten Aufschlag schützte.

Nach meinem Studienabschluss zogen wir beide nach München. Ich begann als freischaffende Übersetzerin zu arbeiten, Heinz arbeitete weiterhin als EDV-Berater. In unserer arbeitsfreien Zeit gab es nur ein Thema: Segelboote. Nach drei Jahren kauften wir eine gebrauchte Snowgoose 35, Baujahr 1976. Der Katamaran war ein solides Boot und sein Rigg so gut wie neu, denn der Mast war wegen eines Mastbruchs erneuert worden. Auch die große Teakholz-Heckplattform gefiel uns auf Anhieb. Darauf ließ sich unser alter Bauer-Tauchkompressor, Baujahr 1965, unterbringen. Wir ließen dem Boot seinen Namen: VENETIA CLAIRE.

Es lag in Aprilia Maritima nahe Lignano auf dem Trockenen. Wir verschönerten den Innenbereich, dichteten Fenster und Luken ein, installierten einen Windgenerator, Solarpaneele, einen Tauchkompressor, eine Hydrauliksteuerung für den Z-Antrieb und ließen eine Osmosebehandlung am Unterwasserschiff durchführen. Der Zustand des Bootes wurde von Mal zu Mal besser: Nach eineinhalb Jahren hatte es sich gelohnt, fast jedes Wochenende am Boot zu arbeiten und wochentags, wenn wir in München waren, an der Werkbank zu stehen und abmontierte Schiffsteile zu reparieren.

Gespräche mit Seglerkollegen taten gut, denn wir hatten nur wenig Segelerfahrung. So konnten wir der Versuchung widerstehen das Leben auf See zu verklärt zu sehen. Aus den Schilderungen der anderen schlossen wir, dass sich bereits vorhandene Probleme auf einem Boot nicht wegzaubern ließen. Unser Standpunkt dazu war recht kühn: Lieber würden wir die Reise auf der Stelle abbrechen, als eines Tages festzustellen, dass sich Langeweile oder Frustration an Bord eingeschlichen hätten.

Wir verschönerten den Innenbereich, dichteten Fenster und Luken ein, installierten einen Windgenerator, Solarpaneele…

[Salon der VENETIA CLAIRE]

Unsere Route führte von West nach Ost und somit nicht mit dem Wind um die Welt. Sie sollte dort beginnen, wo andere endeten: im Roten Meer. Es gab keinen fixen Reiseplan und auch kein Datum für die Rückkehr. Es war uns nicht wichtig die Welt zu umsegeln: Das ehrgeizige „Einmal-Rum" lag uns fern. Die segelfreie Zeit erschien uns eigentlich als das Wesentliche an der Reise.

Trotzdem putschte mich der Gedanke an sternenklare Segelnächte stets auf wie eine Tasse starken Kaffees. Ich war glücklich, wenn ich uns am Boot dahinsegeln sah – ein schneeweißes Segel in der Weite eines Ozeans –, denn ich wusste: Die Zeit des Wartens war bald vorüber. Als die Abfahrt näher kam, war es, als ob ich mit jedem Tag ein Stück des Gepäcks abwerfen durfte, das auf meinen Schultern lastete. Was übrig blieb, waren Tatendrang, Abenteuerlust und eine unglaubliche Vorfreude auf den Beginn der Reise. Er erfolgte zu einem Zeitpunkt, da wir dem Sommer nachsegeln konnten – im August 1992.

Der Weg

IM ZEICHEN DES AUFBRUCHS

Die Tische in der „Snoopy-Bar" an der Südseite der Werfthalle von Aprilia Maritima sind noch frei. Wir nehmen Platz und bestellen. Fast andächtig stecke ich den Löffel in das Schaumhäubchen, das den servierten Cappuccino überzieht. Der erste Schluck ist köstlich, der zweite nicht mehr. Mein Magen rebelliert. Es ist Zeit, mir einzugestehen, dass ich aufgeregt bin.

Dein Tag ist nun gekommen,
du stehst mit Tränen da,
bist befreit und hast gewonnen.
Es ist ein Sieg fürwahr.

Vor wenigen Stunden stand unser Katamaran noch hinter der Werfthalle auf Trockendock. Jetzt liegt er im Wasser und ist bereit zur Abfahrt. Es ist so weit: Heute, am 19. August 1992, wird unsere Reise beginnen. Wir trinken die Tassen leer und bezahlen. Am Kai erwarten uns Thomas, Regina, Herbert und Angelika, unsere Seglerkollegen. Auch sie wollen demnächst auf Langfahrt gehen.

„Mensch, schlaft euch noch mal ordentlich aus!", meint Thomas. „Ihr müsst doch müde sein von der vielen Arbeit. Wartet bis morgen!"

Wir wissen, er meint es gut. Aber das kommt nicht in Frage. Keinen Tag, keine Stunde länger wollen wir warten. Das Warten dauerte lange genug. Jetzt heißt es Abschied nehmen. Unsere Freunde wünschen uns alles Gute. Regina drückt mir noch eine Packung Studentenfutter in die Hände.

„Für die langen Nachtwachen", meint sie.

Wir steigen auf das Boot und starten den Motor.

Ich fühle mich wie ein Vogeljunges, das am Rande einer Klippe steht und mit seinen Flügeln schlägt, weil es im nächsten Moment springen und fliegen muss. Aber ich lege den Vorwärtsgang ein. Das Boot nimmt langsam Fahrt auf. Heinz holt die Leinen ein. Auf den ersten Metern nehme ich nichts wahr, außer ein irres Gefühl positiver Spannung. Diese Spannung steckt in mir wie ein riesiger Ballon und droht fast zu platzen. Mein Bewusstsein ist so eingeengt, dass ich nur eines denken kann: Der Flug beginnt, jetzt hat er begonnen.

Jeder Meter, der uns von den winkenden Gestalten wegführt, macht mich eine winzige Spur ruhiger, gelöster. Ich drehe mich ein letztes Mal um und winke, dann bleibt mein Blick auf die Hafenausfahrt fixiert. Nur was vor uns liegt, ist nun wichtig.

Als wir die mit Dalben markierte Lagunenstraße, den „Canale dei Lustri“ erreichen, sinkt der Spannungsballon in sich zusammen. Das Bewusstsein kehrt zurück und mit ihm ein unglaubliches Hochgefühl: Wir sind abgesprungen, wir fliegen! Die Freudentränen, die über unsere Wangen kollern, befreien uns von der emotionalen Last, die sich in den letzten Tagen aufgebaut hat.

„Freunde, wir fahren los!“, ruft Heinz den Möwen auf den Dalben entgegen, aufgeregt gestikulierend, so als wollte er ihnen die Bedeutung dieses Moments begreiflich machen. Sein Ruf beeindruckt sie nicht, sie starren nur ausdruckslos zu uns herüber.

Im Süden erhebt sich die Skyline Lignano Sabbiadoros. Vor ihr ausgebreitet liegt die Lagune von Marano wie ein rosa Teppich. Die Ebbe hat ihr das meiste Wasser entzogen und schlammige Flächen frei gelegt. Wasservögel stelzen im seichten Wasser herum und stochern mit ihren spitzen Schnäbeln nach Nahrung.

Wir tuckern die ausgebaggerte Wasserstraße entlang und biegen vor der Insel Marinetta nach Süden. Die Adria empfängt uns mit mäßigem Wind aus Ostsüdost. Wir schalten den Motor aus und setzen die Segel. Das Meer ist geglättet, denn der Wind war in den letzten Tagen schwach. Die Strandhotels Lignanos rücken langsam in weite Ferne und erste Lichter zeigen sich darin.

Auch wir schalten die Positionslichter ein. Heinz steht am Steuer. Gebannt registriert er jede Bewegung des Bootes. Kein Schlag, keine Erschütterung und kein noch so kleiner Spritzer Wassers darf ihm entgehen. Immer wieder sieht er in den Masttop und beobachtet den Windfaden, immer wieder wandert sein Blick zurück zur Kompassnadel.

„Du kannst ruhig schlafen gehen“, meint er, „ich wecke dich schon!“

Ich trage unseren Standort in die Seekarte ein und kontrolliere die Bilge. Das Boot stand fünf Monate auf dem Trockenen und hat ein neues Seeventil bekommen. Mit der Taschenlampe leuchte ich es an. Alles trocken. Beruhigt lege ich mich in meine Koje. Doch schlafen kann ich nicht.

Meine Augen blicken auf den ständig variierenden Ausschnitt des Nachthimmels, den das Viereck der geöffneten Luke frei gibt. In ihm wiegen sich rhythmisch die Sterne. Unmöglich, einen zu fixieren. Der durch die Luke strömende Luftzug kühlt mein Gesicht und sagt mir unentwegt: Du bist unterwegs!

Vieles geht mir durch den Kopf. Ein Satz kommt mir wieder in den Sinn, den Heinz einige Monate vor der Abfahrt im Kreise seiner Familie äußerte: Selbst wenn unser Schiff am ersten Tag der Reise „absaufen" würde, sagte er damals, hätte sich der ganze Aufwand gelohnt. Wie mag das in ihren Ohren geklungen haben? Wohl radikal, denke ich. Aber es war tatsächlich so: Nichts hätte uns von unserem Vorhaben abbringen können, schon gar nicht das Kopfschütteln der anderen.

Berufskarriere beendet! Wohnung und Auto verkauft! Sozial- und Pensionsversicherung gekündigt! Einige konnten darin nichts anderes sehen als ein Zerstörungswerk. Wenige fragten nach dem Warum. Jetzt, mit dem Boot unter mir, spüre ich deutlich, dass mit der Abfahrt ein Schlussstrich unter die lange Zeit der Vorbereitung gezogen wurde, unser ganzes Hinarbeiten auf die Reise seiner Bestimmung zugeflossen ist. Was nachkommt, hat keinen Einfluss mehr darauf.

Die Luke über mir ist wie die aufgesprungene Tür eines Käfigs. Davor liegen neue Perspektiven, neue Herausforderungen. Ein ganzer Zylinder von Dingen, die nur darauf warten hervorgezaubert zu werden während die Käfigtür weiterhin offen bliebe. Es steht uns ja frei, den Weg zurück zu wählen. Vielleicht werden wir eines Tages in die alte Heimat zurückkehren, sie vielleicht als den sichersten, bequemsten oder freiesten aller Orte betrachten, die wir auf der Reise kennen lernten. Aber jetzt ist mir dieser Gedanke unendlich fern.

Um vier Uhr morgens weckt mich Heinz zum Wachwechsel. Er kann die Augen nicht mehr offen halten. Ich schalte den Autopiloten ein, setze mich auf den Steuermannstuhl und stecke mir die Kopfhörer in die Ohren. Die jazzig-soften Lieder von Grover Washington Jr. und George Benson halten mich wach, bis die Sonne vor mir aus dem Horizont steigt.

Unheimliche Begegnung

Zwei Tage sind seit der Abfahrt vergangen. Das nächtliche Wachehalten hat uns ziemlich müde gemacht. Es gelang uns nicht, einen ausgewogenen Schlaf-/Wachrhythmus zu finden. Oft saßen wir gemeinsam an Deck und suchten den Horizont nach Schiffen ab. Und wenn die Lider zu schwer wurden, verführten wir uns gegenseitig ... zum Essen. Erstaunlich, was wir in einer durchsegelten Nacht so alles verzehrten: Käsebrote, Müsliriegel, Studentenfutter, Bonbons, Schokolade. Die Lebensmittelschapps sind übervoll. Ich wünschte, sie wären es nicht.

Heute Vormittag ist etwas Eigenartiges vorgefallen: Ein Hubschrauber kam direkt auf uns zugeflogen und kreiste einige Minuten über unserem Mast. Wir kamen an Deck, blickten verdutzt nach oben und winkten freundlich. Geheuer war uns die Sache nicht. Der Hubschrauber ist längst weg, aber er beschäftigt mich noch. Was wollte der bloß? Wir segeln mitten in der Adria in internationalem Gewässer und weit genug von der jugoslawischen Küste entfernt. Wir wissen natürlich, dass dort Bürgerkrieg herrscht.

Wie dem auch sei: Ich sitze schon eine Weile vorne am Bug auf meinem Lieblingsplatz und lasse die käsebleichen Beine über die Bordwand baumeln. Die herauf leckenden Wellenkämme massieren mir die Fußsohlen. Eine Welle nach der anderen schiebt sich gurgelnd zwischen den Rümpfen hindurch, sprudelt am Bug hervor und zieht davon. Es ist ein doppeltes Anpassungsspiel: das Boot passt sich den Wellen an, ich dem Boot.

Manchmal blicke ich den davonziehenden Wellen nach und versuche sie zu fixieren. Aber sie verlieren sich rasch im Blau. Dann beginnen auch meine Gedanken zu schweifen und sie treiben dahin wie die Wolken am Himmel, so lange, bis wieder eine Welle oder ein Geräusch meine Aufmerksamkeit erregt. Es ist ein endloses Spiel.

Plötzlich reißt mich ein furchtbarer Krach aus meiner Beschaulichkeit. Das Boot erzittert unter der Wucht einer Explosion. Gleich darauf ein zweites Mal. Himmel, was war denn das? Ich springe erschrocken auf und laufe zurück ins Cockpit. Dort steht Heinz, bleich wie Kreide. Man hat auf uns geschossen, glaube ich allen Ernstes. Zaghaft blicken wir uns um. Wir gehen ins Schiffsinnere, öffnen alle Bilgedeckel und suchen nach Löchern in den Rümpfen. Doch da sind keine. Wir kommen wieder an Deck und suchen den Horizont ab. Fürchterliche Detonationen waren das, höchstwahrscheinlich tief unter Wasser, und weit und breit nichts zu sehen. Kein Schiff, kein Flugzeug.

Langsam werden wir ruhiger und versuchen eine vernünftige Erklärung zu finden. Torpedos? Granaten? Die Frage beschäftigt uns einen halben Tag. Am späten Nachmittag ziehen in weiter Ferne schwarze Punkte über den Himmel. Flugzeuge. Als es dunkel wird beginnt es am südwestlichen Horizont zu funkeln, zu blitzen, zu glitzern, so als stünde Weihnachten bevor. Aus dem weiß-rot-grün schimmernden Lichterkranz lösen sich blinkende Pünktchen. Sie steigen auf und fliegen davon, andere kehren zurück und setzen zur Landung an.

Was wir zuvor nicht wissen konnten, wird nun zur Gewissheit: In unserer Nähe operiert ein Koloss von einem Flugzeugträger samt Begleitschiffen. Ein Militärmanöver ist im Gange, wahrscheinlich der Amerikaner im Auftrag der NATO. Der Hubschrauber vormittags wollte uns vielleicht warnen, aber wir dachten gar nicht daran, das Funkgerät einzuschalten. Nun sind wir in ein Wespennest geraten.

Wir ändern unseren Kurs um der Übungszone so weit wie möglich fern zu bleiben. Über uns fliegt ein Geschwader von Flugzeugen. Auch Helikopter kommen immer wieder angeflogen. Ihre wattstarken Suchscheinwerfer rotieren über unserem Mast und überziehen Deck und Segel mit grellstem Weiß. Unsere Augen sind geblendet. Der Gedanke, dass hinter den High-Tech-Geräten der Kriegsschiffe und Jagdbomber auch nur Menschen sitzen, bereitet uns Kopfzerbrechen. Aber, so beruhigen wir uns, sie wüssten wohl schon seit heute Morgen, dass wir daherkommen.

Natürlich begeistert es uns auch, schon am zweiten Tag so etwas Aufregendes zu erleben. Wir merken bald, dass uns keine Gefahr droht. Es dauert etwa zwei Stunden, bis die Lichter des Flugzeugträgers am Horizont verschwunden sind. Danach ziehen noch vereinzelt Flugzeuge über den Nachthimmel. Schließlich sind wir wieder allein. Nur das Plätschern der Wellen und der Wind in den Segeln sind zu hören. Wir fragen uns, wie oft wir auf unserer Reise wohl in unvorhersehbare Situationen geraten werden, denen wir uns stellen müssen.

Die restliche Nacht verläuft ohne Zwischenfall. Am Morgen liegen die kargen Felsen der Tremiti-Inseln vor uns. Der Wind ist eingeschlafen. Wir legen die letzten Seemeilen unter Motor zurück und gehen zwischen Caprara und San Nicola vor Anker.

Am nächsten Tag besichtigen wir das alte Kastell, die Hauptattraktion der Inseln. Während wir durch die weitläufigen, hoch über dem Meer gelegenen Anlagen wandern, sehen wir in weiter Ferne unseren Katamaran vor Anker liegen. Er wirkt so klein wie ein Spielzeugschiffchen.

Etwas fremd ist er mir schon noch geblieben, denke ich. Die Enge und das Geschaukle sind gewöhnungsbedürftig. Dabei hatte ich vor der Abfahrt ein so schönes Bild vor Augen: Ich sah mich als Schnecke und das Boot als Schneckenhaus. Die Schnecke in mir wird sich verspäten.

Bruder Leichtsinn segelt mit

Bei gutem Wind aus Nordwest verlassen wir Tremiti Richtung Korfu. Zwei Vorsegel sind gesetzt, die Genua und der ausgebäumte Blister – das sind zusammen 135 Quadratmeter Segelfläche. Unser Autopilot steuert.

Wir sitzen auf der Bugplattform. Riki hat die Gitarre und die Mundharmonika mitgebracht. Sie versucht meine erste Komposition, das „Tremiti Lied", auf der Gitarre zu spielen. Ich habe zwar erst vor zwei Tagen mit dem Mundharmonikaspielen begonnen, aber bei dem unkontrollierten Geblase war zufällig eine Melodie entstanden.

„Vielleicht steckt ein unentdeckter Musiker in mir", sage ich.

„An deiner Stelle würde ich mich noch nicht als Musiker bezeichnen", bremst sie mich ein.

„Bist du etwa gar eifersüchtig, dass mir schon am ersten Tag dieser kompositorische Wurf gelungen ist?", scherze ich zurück.

Wir lachen und albern um die Wette. Der Wind hat zwischenzeitlich zu-

genommen. Wenn die Wellen im richtigen Moment anschieben, beginnt der Kat zu surfen. Das Heck wird angehoben und er rauscht, in leichter Vorlage und immer schneller werdend, auf der Welle dahin. Wir sind hingerissen von dem irren Geschwindigkeitsgefühl. Aber ein Blick achteraus zeigt, dass die Rümpfe zwei schäumende, parallel verlaufende Schlangenlinien ins Wasser furchen und der Autopilot größte Mühe hat, einen stabilen Kurs zu steuern. Wir laufen zurück ins Cockpit. Das Log zeigt über zwölf Knoten an.

„So schnell sind wir nie unterwegs gewesen!", ruft Riki überrascht.

Ich prüfe die Zugkraft der Blisterschot mit der Winschkurbel.

„Wenn der Blister jetzt einfällt, wird er es ohne Schaden nicht überstehen", sage ich, „der Wind ist verdammt stark geworden. Bei der Genua sehe ich weniger Probleme!" Ich übernehme das Steuer.

„Müssten wir nicht sofort reffen oder den Blister bergen?"

„Die Genua können wir nicht reffen, der Blister ist ja im Weg. Und um den Blister zu bergen, müssten wir vorher den Spinnakerbaum entfernen. Das erscheint mir bei der Windstärke zu gefährlich".

Wir beschließen zu hoffen. Unsere Unerfahrenheit hat uns in eine dumme Situation gebracht. Ich denke an die Worte des Vorbesitzers der VENETIA CLAIRE: Sechzehn Knoten Fahrt hätte er einmal mit dem Boot gemacht. Damals hörten wir es gerne.

Jetzt stehe ich am Steuer und tue mein Bestes. Wenn das Boot auszuschießen droht, gebe ich Gegenruder. Manchmal sind es dreißig Grad, die es aus dem Ruder läuft. Aber ich sehe ein Leuchten in Rikis Augen. Jedes Mal, wenn das Boot zu surfen beginnt, kommt ein Jauchzen über ihre Lippen.

Der alte Geschwindigkeitsrekord bleibt zum Glück bestehen, denn der Wind wird schwächer. Wir bergen den Blister, bäumen die Genua aus und setzen das Großsegel. Die Geschwindigkeit beträgt lange Zeit noch sieben Knoten. Zwei Tage später haben wir Korfu-Stadt erreicht. Nach Erledigung der Einklarierungsformalitäten gehen wir in der Gouvia-Bucht vor Anker. Da wir das Boot eine Zeit lang unbeaufsichtigt zurücklassen wollen – wir haben vor, im nordgriechischen Pindosgebirge zu trekken und in Meteora zu klettern –, bringen wir drei Anker aus.

Tritt für Tritt steige ich über die Felskartoffeln
höher, aus eigenen Kräften und voll konzentriert.

[Heiliger Geist, Meteora, Griechenland]

Klettern im Überschwang

Während unserer Kletterwoche in Meteora gehen wir anfangs nur kurze, gut abgesicherte Routen im dritten, vierten Schwierigkeitsgrad, vorzugsweise versteckt gelegene, wo uns niemand beobachten kann. Unser Kletterkurs für Anfänger liegt erst drei Monate zurück und wir übten danach nur in Klettergärten.

In der zweiten Wochenhälfte sind wir mutiger. Wir klettern die „Schritte am Abend" am Doupianifels und – aufgrund einer Verwechslung – „Aus der Katerschlucht". Als wir diese Route mit viel Mühe hinter uns gebracht haben und feststellen, dass eine Stelle im VI. Schwierigkeitsgrad lag, entscheiden wir uns zum Abschluss für etwas Anspruchvolles – den Heiligen Geist, den höchsten Gipfel Meteoras.

Heinz rüttelt mich aus dem Schlaf. Die Nacht auf dem Campingplatz in Kastraki war wieder „griechisch". Bis Mitternacht ertönte aus der nahe gelegenen Taverne laute Sirtaki-Musik. Danach heulten einige Hirtenhunde in unregelmäßigen Abständen von den Bergen herab. Und morgens, im Halbschlaf, hörten wir das Krächzen von Hähnen und das Gebimmel von Kirchenglocken. Ich strecke den Kopf aus dem Zelt. Über mir ragt die 250 Meter hohe, fast senkrechte Nordwestwand des Heiligen Geistes in den thessalischen Himmel. Eigentlich könnten wir zufrieden abreisen, doch die Klettererfolge haben uns selbstbewusst gemacht. Außerdem steckt noch immer eine euphorische Aufbruchstimmung in uns. Heute sind wir bereit, im Rampenlicht zu klettern. Der „Osterweg", über den wir zum Gipfel steigen wollen, ist gut einsehbar.

Um elf Uhr erreichen wir die Einstiegsstelle. Dort wölbt sich ein Felsbauch aus dem Berg, der einen leichten Überhang und zugleich die Schlüsselstelle (VI+) der Route bildet. Der restliche, einfachere Teil ist nicht einsehbar. Wir legen die Kletterausrüstung an. Heinz beginnt im Vorstieg.

Seine Kletterpatschen befinden sich noch auf Höhe meiner Augen, als er schon zu schimpfen anfängt. Er ist auf einer kleinen Felsnase mitten im überhängenden Teil zum Sitzen gekommen und kann weder vor noch zurück. Immer wieder versucht er den rechten Fuß auf diese Nase zu setzen, aber es misslingt. Als er es mit dem rechten Knie probiert, kann er das Gleichgewicht halten und kommt höher. Von der Knietechnik war nie etwas im Lehrbuch zu lesen.

„Seil!", schallt es zehn Minuten später hektisch aus der Wand. Die Stelle, von wo der Ruf kommt, kann ich nicht sehen. Sie liegt oberhalb des Überhanges. Wenig später prasseln kleine Steinchen nieder und ich gehe rasch in Deckung. Dann lasse ich ein, zwei Meter Seil durch meine Finger gleiten.

„Ich hab' mich verstiegen", höre ich, „bin zu früh nach links gebogen! Muss zurück!"

Und wieder fallen Kieselsteinchen herab. Heinz ist in einem Quergang unterwegs und Quergänge bedeuten stets erhöhtes Risiko. Das Seil kommt zurück, Zentimeter für Zentimeter. Nach zehn Minuten steht er wieder knapp oberhalb der Schlüsselstelle. Wir beraten, ob wir weiterklettern sollen. Aber er nimmt einen neuen Anlauf. Nach kurzer Zeit hat er den nächsten Haken gefunden.

„Stand", höre ich.

Ziemlich ratlos stehe ich vor der Felsgeschwulst, vor der Heinz fast kapitulierte. Dann verspreize ich mich zwischen den kleinen Felsvorsprüngen und taste krampfhaft nach Griffen. Aber sie sind zu klein für mich. Ich habe nicht genügend Kraft mich daran festzuhalten. Heinz zieht am Seil, dass es straffer nicht mehr geht. Mit seiner Hilfe komme ich höher. Irgendwann stehe ich über dem Felsbauch, schweißüberströmt und ganz verwundert, dass ich oben bin.

Von nun an wartet Reibungskletterei im vierten und fünften Schwierigkeitsgrad auf uns. Das vertraute, gute Gefühl, das mich während der vergangenen Kletterwoche so oft erfasste, kehrt sofort zurück. Tritt für Tritt steige ich über die Felskartoffeln höher, aus eigenen Kräften und voll konzentriert. Sobald ich zum nächsten Schritt ansetze, können mich keine Zweifel mehr erreichen. Der Fels ist kein Gegner, nur ein Prüfstein, an dem ich mich messen darf. Er kennt keine Bewertungskriterien und mein Können ist ihm egal. Ich muss ihm über nichts Rechenschaft ablegen und das ist gut für mich. Mein nagelneuer, lila Bergsteigerhelm verrutscht mir und sitzt dann lächerlich schief am Kopf. Meine Knie zittern manchmal und meine Wangen glühen vor Anstrengung und Begeisterung. Sei's drum!

Nach drei Stunden haben wir die Nordwestwand durchstiegen. Mit dem Gefühl, eine große Leistung vollbracht zu haben, setzen wir uns nieder und packen die Jause aus. Rund um uns ragen die dunklen Felszacken Meteoras wie bizarre, überdimensionale Finger aus dem Schatten der Schluchten. Die Klöster kleben wie Schwalbennester auf den Felsen und verleihen der Landschaft ihr charakteristisches, weltentrücktes Aussehen. Das größte, das Große Metéoron, sitzt wie eine Krone auf dem Breiten Stein, dem Platis Lithos.

Schon während der ersten Reisetage verspürte ich ein starkes Freiheitsgefühl, aber jetzt, am Gipfel des Heiligen Geistes ist es stärker denn je: Ich fühle mich so frei wie ein Vogel und ich bin es auch. Meteora liegt mir zu Füßen und mit ihm, so scheint es, alle künftigen Reiseziele. Kann es sein, dass die Freiheit, nach der wir jahrelang strebten, schon nach einem Reisemonat so intensiv spürbar ist? Liegen neue Bewusstseinsebenen vielleicht an den Rändern des Lebens?, frage ich mich. Extreme Belastung. Extreme Entspannung. Beim Segeln und Bergsteigen sind zumindest die Belastungen vorprogrammiert.

Die Sonne steht schon tief, als wir mit dem Abseilen beginnen. Es ist ein Kinderspiel im Vergleich zum Aufstieg. Nur die Zehen schmerzen schon in den engen Kletterpatschen. Der erste Tritt auf festen, ebenen Boden ist wie der Sprung hinüber auf den Pier: Wir sind im sicheren Hafen gelandet, diesmal ohne den geringsten Anflug von Seekrankheit, nur Herzklopfen war im Spiel. Beim Abendessen in einer Taverne in Kastraki mit griechischem Wein sind die brenzligen Situationen rasch vergessen.

Am nächsten Tag bringt uns die Fähre zurück nach Korfu. Meine Gedanken sind schon beim Boot. Es darf kein Klotz am Bein werden, sagten wir uns vor dem Ausflug auf das griechische Festland. Kurz vor Gouvia, noch im Autobus, werden wir nervös, auf den letzten Metern zum Hafen sogar sehr. Endlich! Unser markanter Windgenerator mit dem weißen Schutzrahmen sticht zwischen den Masten der anderen Segelboote hervor.

Heinz schält sich aus den Kleidern und krault zum Boot hinüber, um das Schlauchboot zu holen. Ich betrachte mich währenddessen genauer: Die Fingerkuppen sind zerschunden, die Muskeln schmerzen, blaue Flecken sind am ganzen Körper. Aber ich spüre Lebenskraft in mir.

Als Wind aufkommt, reffen wir vorsichtshalber
gleich die Genua und das Großsegel

[Mit 10 Knoten Fahrt Richtung Ägypten]

Die erste Überfahrt

Anfang Oktober segeln wir nach Kreta weiter. Bei unserer Ankunft in Chania haben wir Probleme mit dem Motor: Er wird zu heiß. Wir beauftragen deshalb einen griechischen Mechaniker mit einer Inspektion. Als der korpulente Mann an Bord kommt und den Deckel unseres Maschinenraums öffnet, vergeht ihm augenblicklich der Arbeitseifer. Auf den Knien, mit vorgebeugtem Oberkörper müsste er arbeiten. Er zeigt wenig Lust in die geheimen Gänge unserer Maschine vorzudringen und drückt uns, sozusagen als Entschädigung für seinen mangelnden Arbeitseinsatz, zwei Flaschen Salzsäure in die Hände.

„Motor gut. Nur bisschen reinigen Kühlsystem“, meint er trocken und steigt von Bord.

„Wir hätten es vor der Abfahrt fotografieren sollen“, stöhnt Riki, als wir die oberen Teile des Motors abmontieren.

„Was fotografieren sollen?“, frage ich.

„Na, das Boot! So schön wie damals in Aprilia am Trockendock wird's nie wieder sein!“

Ich bin ölverschmiert und höre nur halb zu. Meine Aufmerksamkeit gilt dem Innenleben des Motors. Riki ist auch ölverschmiert, aber sie redet munter weiter:

„Ich muss an Sisyphos denken. Weißt du warum?“

„Keine Ahnung“, brumme ich.

„Vor der Abfahrt glänzte das Schiff, innen wie außen, und ich hoffte es würde lange, lange so bleiben. Aber jetzt weiß ich's besser: Diese Steinwalze, die wir da mühsam aufwärts rollten, will immer wieder hinaufgeschoben werden, immer wieder.“

Und sie lacht. Mir ist nicht zum Lachen zumute, aber ich denke ähnlich wie sie. Unser Kat ist sechzehn Jahre alt. Es wäre illusorisch zu glauben, wir könnten monatelang dahinsegeln ohne auch nur einmal einen Schraubenschlüssel anzugreifen. Das Dumme ist nur, dass ich für das Technische an Bord verantwortlich bin. Riki versteht nichts davon. Natürlich habe ich eine Menge über Bordelektrik und Motoren gelesen und einige Geräte auch selbst eingebaut. Aber mein praktisches Wissen ist nicht besonders gut. Deshalb müssen wir auf den Rat des griechischen Mechanikers vertrauen. Eigentlich passt mir das gar nicht.

Das Cockpit bleibt drei Tage lang ölverschmiert, dann erklären wir die Maschine für geheilt oder besser: Wir möchten sie als geheilt betrachten. Es bleibt noch etwas Zeit, uns zu erholen und die letzten warmen Sonnenstrahlen zu genießen. Die Sommersaison geht dem Ende zu, die Touristen sind großteils aus dem Straßenbild verschwunden. Wir durchwandern die Samaria-Schlucht und klettern durch die Nordwand des Guiguilos, dem zerfallenden Wächter am Schluchteingang. Die Route kommt uns ziemlich gefährlich vor.

Am 4. November brechen wir nach Gramvousa auf. Die karge, unbewohnte Insel an der Nordwestspitze Kretas ist für ihre starken Winde bekannt. Sie bildet ein gutes Sprungbrett für Ägypten. Auf dem Weg dorthin passieren wir ein Schiffswrack – eine kürzlich auf Felsen aufgelaufene Fähre. Ihr Heck ist überspült, der vordere Teil ragt wie eine beim Start stecken gebliebene, schneeweiße Rakete aus dem Wasser.

Gramvousa zeigt sich zunächst von seiner besten Seite. Am dritten Tag kommt jedoch starker Wind auf, der uns am Auslaufen hindert. Wir hängen an einer dicken Muringleine, die für Ausflugsboote vorgesehen ist, und zusätzlich an unserem eigenen Anker. Sobald die Fallböen mit bis zu 40 Knoten von den Klippen herunterjagen und den Windgenerator in Vibrationen versetzen, strecke ich den Kopf aus der Luke um die Landmarken zu kontrollieren. Die bevorstehende Überfahrt geht mir obendrein durch den Kopf. Immerhin ist sie die erste, die über das offene Meer führt.

Nach vier Starkwindtagen lichten wir den Anker. Der Wind hat nachgelassen. Unter Motor steuern wir aus der Bucht. Wir versuchen alle Anzeichen von Nervosität zu unterdrücken, aber es gelingt erst draußen auf offener See. Auch dort ist der Wind nicht stärker. Eine übermütige, fast kindische Freude erfasst uns, als wir im Schutze Kretas dahingleiten, bei hellem Sonnenschein und leichtem Seegang. Wenn es so bliebe, wäre die Überfahrt bestimmt angenehm.

Wir freuen uns zu früh. Vorerst stellt sich eine Flaute ein. Doch das Barometer fällt. Dunkle Wolken ziehen auf und bedecken den Himmel von

Osten her. Als Wind aufkommt, reffen wir vorsichtshalber gleich die Genua und das Großsegel. Kurz danach bläst es bereits mit 25 Knoten. Der Wind kommt aus Ost. Wir steuern etwa 190 Grad, die Wellen kommen somit quer zum Kurs. Als es Nacht wird, haben wir mit den ersten Anzeichen von Seekrankheit zu kämpfen. Sooft wie möglich legen wir uns flach auf den Rücken.

Irgendwann bleibt Riki in ihrer Koje liegen anstatt zum vereinbarten Wachwechsel zu erscheinen. In dem wackeligen Auf und Nieder muss sie sich bald übergeben. Von nun an läuft sie regelmäßig zur Toilette, ansonsten liegt sie stöhnend in ihrer Koje. Mir ist auch leicht übel, aber wenn ich die Augen schließe und mich ohne Gegenwehr den Schiffsbewegungen anpasse, fühle ich mich gut.

Die querkommenden Wellen prallen gegen die Rümpfe, lassen sie hochgehen, in immer gleicher Abfolge, zuerst den Backbordrumpf, dann den Steuerbordrumpf. Die Backbordfenster und das Vorschiff werden gelegentlich überspült. Salzwasser tröpfelt an einer undichten Fensterstelle ins Bad. Wie ein kleines Rinnsal perlt es über die weiße Kunststoffverkleidung Richtung Boden. Auch im vorderen Teil des Salons gibt es eine kleine undichte Stelle, die einige Bücher feucht machte.

Zwei Tage lang kann ich mir nicht erlauben, zu schlafen. Ich liege in einem Kuddelmuddel aus Decken und Polstern im Salon. Der Platz erinnert mich an eine Hundeschlafstatt. Von Zeit zu Zeit muss ich das Dahindösen unterbrechen, dann heißt es: Decke zur Seite – aufstehen – abstützen am Salontisch – Kopf einziehen – raus ins Freie – Rundblick. Untertags geschieht dies alle fünfundvierzig Minuten, nachts alle fünfzehn. Passt die Segelstellung? Stimmt der Kompasskurs? Sind Schiffe am Horizont?

Eigentlich sind die Verhältnisse nicht schlecht, denke ich. Wir haben konstanten starken Wind, aber keinen Sturm, und die Wellen sind ungefährlich. Trotzdem: Der Genuss fehlt. In meiner Fantasie verliefen Überfahrten stets angenehmer: Lesen, Fischen, Sonnenbaden, ... Wir müssten den Kurs ändern, damit die Wellen von achtern kämen. Doch dann würden wir irgendwo in Algerien landen, nicht in Ägypten.

Am dritten Tag tauchen die ersten Vorboten der nordafrikanischen Küste auf. Die kleine Flotte ägyptischer Fischerboote versetzt mir einen

Motivationsschub. Auch Riki ist wieder fähig aufzustehen. Es geht ihr etwas besser. Sie trinkt wieder und blättert in unserem Ägypten-Führer. In Kreta war nirgends eine Karte für den Osthafen von Alexandria erhältlich. Wir haben die genauen GPS-Daten (via Satellit empfangene Positionskoordinaten) der Hafeneinfahrt. Das muss genügen.

Als es dämmrig wird, starren wir angestrengt auf das dunkelnde Grau vor uns. Es dauert noch Stunden, bis uns Alexandria ein diffuses Gelb entgegenschickt, das sich langsam in einzelne Lichtpunkte auflöst. Wir verlassen uns blind auf den vom GPS berechneten Kurs, der auf die Einfahrt des Osthafens abzielt.

Erst als sich die Umrisse des alten Forts klar vor uns abheben, wissen wir, wo wir tatsächlich sind. Die Felsen, die ungefähr an der Stelle des einstigen Leuchtturms von Alexandria aus dem Wasser ragen, bemerken wir erst im letzten Moment. Von den Leuchtfeuern auf den Molen des Osthafens brennt nur ein einziges, kümmerliches Lichtlein. Es reicht gerade aus um die Einfahrt gefahrlos zu passieren.

Der Hafen ist riesig und bietet genug Platz zum Ankern. Als der Anker fällt, ist es kurz vor Mitternacht. Die Stadt ist zum Greifen nahe. Nur gedämpfte Laute dringen an unsere Ohren. Ein warmer Zivilisationsgeruch liegt in der Luft. Das Schönste am Segeln ist die Ankunft, sage ich, bevor wir erschöpft in die Kojen fallen.

Allah akbar

Noch halb im Schlaf fahre ich hoch. Es ist, als ob mir eben jemand einen Glassturz weggerissen hätte. An seine Stelle ist ein lautes Schreien getreten, von dem ich im ersten Moment nicht weiß, woher es kommt und was es ist. Ein paar Sekunden bin ich noch benommen, erst danach begreife ich: Der Lärm kommt von den umliegenden Moscheen. Allah akbar! Allah akbar! Es erschallt der Ruf zum Gebet; einer nach dem anderen; jeder aus einer anderen Richtung. Die Stimmen der Muezzins überlagern sich. Es sind viele – vier, sechs oder acht –, die ganze Stadt scheint zu dröhnen. Mal ist es ein lautes, verzerrtes Krächzen, mal ein melodiöser Gesang. Ich habe keine Ahnung, wie spät es ist, wahrscheinlich kurz vor fünf. Entschieden zu früh um nach einer anstrengenden Überfahrt geweckt zu werden.

Erschöpft sinke ich in den Kopfpolster zurück. In der kuscheligen Wärme des Bettes stellt sich das Gefühl der Geborgenheit rasch wieder ein. Das Boot liegt ruhig, die unsanfte Rumpelei ist vorbei. Ich möchte weiterschlafen, aber die fremdartigen Stimmen nehmen mich gefangen. Es gibt eine unter ihnen, eine mit Hingabe gesungene, die mich fasziniert. In ihr kommt etwas Geheimnisvolles, Unergründliches zum Ausdruck, etwas, das mir das Gefühl vermittelt, weggetragen zu werden. Bei unserer Ankunft glaubte ich in einer Stadt wie jeder anderen gelandet zu sein. Jetzt weiß ich, dass wir im Orient sind.

Als ich aufstehe um ein wenig Ordnung in das chaotische Bootsinnere zu bringen, ist Alexandria erwacht. Von der Uferpromenade, die sich in weitem Bogen um den Hafen spannt, dringt der Lärm der ersten Autos herüber. Im Hafen fahren bunte Fischerboote ein und aus. Mit ihren arabischen Schriftzeichen und den Verschnörkelungen am Bug wirken sie sehr orientalisch. Die Fischer sind wild aussehende Männer. Sie tragen Tücher und Schals um den Kopf gewickelt und starren neugierig auf unser Boot.

Mein Blick wandert hinüber zur Festung des Mamlukensultans Kait Bey. Auf ihrem höchsten Punkt flattert prominent die ägyptische Fahne als sichtbares Zeichen nationalen Stolzes. Ohne sie hätte die Festung auch

Am nächsten Morgen zieht es uns in die verfallende
Altstadt, die sich labyrinthartig auf einem Felshügel ausbreitet.

[Oase Siwa, Ägypten]

gut nach Europa gepasst, zinnenbewehrt wie sie ist, mit vier Rundtürmen an den Ecken und wuchtigen Mauern, die alle Bauten der Umgebung in den Schatten stellen. Die daneben liegende Anlage des Yachtclubs nimmt sich unscheinbar aus.

Me Mohammed, you?

Riki bleibt am Boot, während ich mit dem Schlauchboot zum Yachtclub hinüber fahre um erste Informationen einzuholen. Dort werde ich schon erwartet und man verspricht, noch am Vormittag Zoll- und Küstenwachebeamte an Bord zu schicken.

Und da sitzen sie nun. Zwei ägyptische Zöllner. Ein schlanker mit Schnauzbart und ein dicker, mit breitem, etwas trägem Lächeln. Beide sind zirka 30 Jahre alt und eher kleinwüchsig. Ihre Arbeit haben sie schnell erledigt: Bilgedeckel, Pantryregale, Backskisten auf; einige harmlose Fragen bezüglich Waffen, Rauschgift und technischem Gerät. Keine fünf Minuten. Jetzt steht der gemütliche Teil der Amtshandlung bevor, denn sie sitzen bereits am Tisch und beginnen zu bestellen.

„What you have drink?“, fragt der Dicke.

Durch die forsche Art der Fragestellung etwas verwirrt, stottere ich: „Beer, but it's warm. Cola or orange juice.“

„Me Cola“, bestellt er.

„Me orange“, meint der andere.

Ich serviere ihnen die Erfrischungen. Riki nimmt neben dem dicken Zöllner Platz. Ich stehe im Backbordrumpf vor dem Navigationstisch.

„You music?“, ruft mir der Dicke zu.

Ich gehorche aufs Wort und lege eine CD von „Vaya con Dios“ auf. Ich beobachte das Geschehen aufmerksam. Nun beginnt der korpulente Zöllner mit Riki zu flirten.

„Me Mohammed, you?“, legt er los.

„My name is Riki“.

„Wh, Wiki“, wiederholt er falsch.

„No, Rrrrriki“.

„Ah, Riki“.

Er glotzt sie ziemlich frech an, dreht sich lässig zu ihr hin, das rechte Bein über das linke geschlagen, einen Arm breit und einladend auf der Lehne aufgestützt, den anderen am Tisch. Seine Augen glänzen – fast ein bisschen fiebrig. Aus dem Lautsprecher ertönt: „I don't wonna know!". Ich kann dem nur beipflichten. Ich will nicht wissen, was er von ihr will. Aber ich weiß es leider.

Mit einem schmachtenden Blick, wie ich ihn nur von Südländern kenne, haucht er: „I love you, language you?" Was so viel heißt wie: „Say I love you in your language".

„Ich liebe dich", kommt die Antwort etwas zögerlich.

„French?"

„Je t' aime."

„Italy?"

„Ti amo."

„Arabic?"

„I don' t know."

„Ana Ahbak", seufzt er und macht schon Anstalten, sie in die Arme zu nehmen.

Jetzt heißt es aber eingreifen, befehle ich mir selbst. Mit einem Druck auf die Stop-Taste des CD-Players wird die Stimmung jäh unterbrochen. Ich öffne mein Privatfach, entnehme die dort aufbewahrte Mundharmonika, zeige sie kurz den Zöllnern und beginne sofort mit dem Vorführen des einzigen Stückes meines Repertoirs. Das selbst komponierte „Tremiti Lied" wandelt die Stimmung von schmachtend-verklärt nach lustig-unbeschwert. Dem Dicken scheint der Stimmungswandel nicht sonderlich zu gefallen. Nach kurzer Zeit verabschiedet er sich mit den Worten:

„Nimsa (Österreich) good. Pay 20 Pound. Not more."

Ich bringe die Zöllner im Schlauchboot an Land. Zurück an Bord meint Riki, sie könne die Mundharmonika nirgends finden. Wir suchen gemeinsam – vergeblich –, und kommen zu dem Schluss, dass dem dünnen Zöllner langweilig wurde, als sich der dicke bei Riki so eifrig ins Zeug legte.

Sollen wir lachen oder weinen? Man hat uns bereits bestohlen, noch ehe wir das Land betraten! Als wir uns für den ersten Landgang fertig machen, sehen wir ihm mit gemischten Gefühlen entgegen.

Die Geräuschkulisse nimmt unüberhörbar zu, je weiter wir uns vom Yachtclub entfernen. Alles, was sich vorwärts bewegt, scheint es mit schrillen Tönen zu tun: Autos hupen, Fahrräder klingeln, Menschen schreien und lachen.

Das Straßenbild ist ebenso belebt wie geräuschvoll. Fliegende Händler ziehen ihre mobilen Verkaufsstände hinter sich her und preisen Teppichklopfer, Scheren, Bastmatten, Besen, Uhren, Haarspangen und allerlei Tand an, manchmal auch nur frisch geröstete Erdnüsse. Fuhrwerke poltern dahin, Frauen in bodenlangen Kleidern und mit Tüchern am Kopf feilschen mit den Händlern um Preise.

Der Durst treibt uns bald in ein Teelokal nahe der Corniche, der Uferpromenade. Wir nehmen Platz und bestellen zwei Cola. Die Männer im Lokal sind mit langen Galabayas bekleidet und schlürfen schwarzen Tee. Einige spielen Domino oder rauchen Wasserpfeifen. Der Rauch des Tabaks qualmt in lang gezogenen Wölkchen aus ihren Nasen.

Es dauert nicht lange und wir sind umringt: Straßenhändler, Schuhputzer und Taxifahrer wittern gute Geschäfte.

„Nein danke!", sage ich dem Schuhputzer schon zum x-ten Mal. Aber das wirkt nur wie ein Stimulans auf ihn. Er blickt mich voller Erwartung an und breitet seine Gerätschaft vor uns aus – Schemel, Schuhcremen, Bürsten. Ich will erst den landesüblichen Preis erfahren und frage Abdel, den Kellner. Dieser sei fünfzig Piaster, erfahre ich.

Als ich dem Schuhputzer nach getaner Arbeit fünfzig Piaster in die Hand drücken will, lehnt er mit gestenreichem Palaver ab. Er will zwei Pfund. Ich bleibe stur: Wir haben vor, einige Monate in Ägypten zu bleiben, und wollen nicht ständig Touristenpreise zahlen. Die Männer im Lokal halten überraschenderweise zu mir und so gibt der Schuhputzer schließlich nach.

Abdel setzt sich zu uns um einige Runden Domino mit mir zu spielen. Ich nütze die Gelegenheit um von ihm die wichtigsten Preise für Taxifahrten, Busfahrten und Grundnahrungsmittel zu erfragen. Damit könnten wir uns in Zukunft das ermüdende Feilschen und Palavern ersparen.

Fliegende Händler ziehen ihre mobilen Verkaufsstände hinter sich her und preisen Teppichklopfer, Scheren, Bastmatten, Besen, Uhren, Haarspangen und allerlei Tand an.

[Straße in Alexandria, Ägypten]

Morgen ist Freitag, der moslemische Sonntag. Wir wollen noch Geld wechseln, aber die meisten Banken haben schon geschlossen. Abdel kennt eine Wechselstube, die noch offen hat und ist sofort bereit, seinen Job links liegen zu lassen um uns zu führen.

Riki wirkt auf einmal irgendwie belustigt.

„Was ist denn los?", frage ich sie.

Sie lächelt und meint, sie fühle sich heute richtig umworben. Dann erzählt sie mir, dass ihr Abdel vorhin beim Servieren der zweiten Cola ganz verstohlen ein „I love you" ins Ohr flüsterte. Nach dem dicken Zöllner war das die zweite „Liebeserklärung" an diesem Tag. Mir ist natürlich nicht entgangen, dass sie überall angestarrt wird. Vielleicht liegt es an ihren blonden Haaren, vielleicht ist es auch ein inneres Wohlgefühl, das nach außen dringt.

Wir stehen auf und folgen Abdel. Der Weg, den er einschlägt, führt durch enge Gassen und Hinterhöfe. Sie sind in einem katastrophalen Zustand. Hinter abbröckelnden Mauern, morschen Holzbalkonen, windschiefen Fensterläden, kreuz und quer verlaufenden Stromkabeln wohnen Menschen: Der Blick nach oben zeigt einen wäscheverhangenen Himmel, der Blick nach unten meist Abfall und Schutt. Hühner, Ziegen, Hunde stöbern in dem Müll nach verfaulten Essensresten.

Plötzlich stoßen wir auf einen Bettler, der am Straßenrand hockt. Er hat nichts außer Fetzen am Leib. Sein Körper ist ausgemergelt und sein Gesicht von Lepra gezeichnet. Kurz darauf reckt uns ein bettelndes Kind mit vorwurfsvollem Blick seinen Armstummel entgegen, der wie abgehackt aussieht. Abdel zeigt sich unbeeindruckt, doch wir wenden geschockt die Augen ab. Die Uferpromenade und das Teelokal vermittelten uns einen anderen Eindruck von Alexandria als nun die Hinterhöfe. Nur drei Segeltage sind wir von Europa entfernt und nun diese bittere Armut. Unsere Haut ist noch dünn, unser Schutzmantel durch die anstrengende Überfahrt löchrig. Riki hat plötzlich Angst, Abdel könnte uns an einen Ort locken, wo man auf Westler wie uns wartet – mit dem Knüppel in der Hand. Sie hat Mühe, ihre Fantasien im Zaum zu halten.

Als endlich die gesuchte Geschäftsstraße vor uns auftaucht, versinken wir erleichtert im Gewimmel der Passanten. Nach dem Geldumtausch will uns Abdel noch unbedingt sein Stammlokal zeigen. Wir zögern und folgen ihm schließlich doch. Wieder werden wir neugierig angestarrt, diesmal als Abdels Freunde aus dem fernen Österreich. Wieder sind wir die einzigen Ausländer unter lauter Ägyptern.

Schließlich fahren wir zu dritt im Taxi zum Hafen zurück. Die Fahrt geht kreuz und quer durch die Stadt, ohne dass wir nachvollziehen können, wo wir eigentlich sind. Noch einmal steigt ein Angstgefühl in uns auf, aber nach zehn Minuten haben wir die breite Hafenstraße erreicht. Das letzte Stück zum Yachtclub legen wir zu Fuß zurück, nachdem wir Abdel ein paar Pfund für seine Führung bezahlten.

Wieder am Boot schwirren uns die Köpfe. Der lange Spaziergang hinterließ ein Wirrwarr von Eindrücken in uns. Wir sind froh in die vertraute Umgebung des Schiffes zurückgekehrt zu sein. Zum ersten Mal seit der Abfahrt haben wir das Gefühl, auf dem Boot zu Hause zu sein. Eigenartig ist das, denke ich: Während der Überfahrt wünschten wir uns, so rasch wie möglich von Bord gehen zu können. Jetzt ist das Boot unser Refugium, in das wir uns gerne zurückziehen, ein Klein-Österreich auf dem Wasser.

Eine ägyptische Familie

Als wir am nächsten Morgen vor den Yachtclub treten, geraten wir unversehens in eine Clique junger Leute, die in der Nähe des Forts ihre Späße treibt. Die Sechzehn- bis Zwanzigjährigen stammen aus wohlhabenden Familien, denn sie tragen schicke, westliche Kleider. Aus einem Stereoradio dröhnen arabische Klänge, dazu tanzen die Burschen im Kreis, während die Mädchen sich bescheiden zurückhalten: Ausgelassenes Tanzen auf offener Straße gehört nicht zu ihren Freiheiten. Die Burschen fordern uns auf bei den Tanzeinlagen mitzumachen. Ich halte es mit der weiblichen Hälfte, aber Heinz lässt sich nicht zweimal bitten. Er schwingt die Beine, dass es eine Freude ist, und macht lustige Grimassen.

Da tritt eines der Mädchen mit einem offenen Lächeln an mich heran. „Ich heiße Soheer“, beginnt sie auf Französisch.

Wir sind uns auf Anhieb sympathisch und plaudern eine Zeit lang miteinander. Schließlich lädt sie uns spontan zu sich nach Hause ein und ihre jüngere Schwester Sumaya, die neben ihr steht, nickt bekräftigend. Die Mädchen geben uns ihre Adresse und verabschieden sich. Wir sind hoch erfreut, schon am zweiten Tag eine einheimische Familie näher kennen zu lernen.

Zur vereinbarten Zeit stehen wir vor dem beschriebenen Haus im Stadtteil El Manchea. Es ist über zehn Stockwerke hoch. Ein Lift bringt uns in den 9. Stock. Als Soheers Mutter öffnet, stellt sich heraus, dass sie nur Arabisch spricht. Der Empfang fällt umständlich, aber herzlich aus. Sie führt uns ins Esszimmer, wo ihre Kinder, zwei Buben und vier Mädchen, bereits voll Neugier auf uns warten. Soheer und Sumaya sind auch darunter. Hebba, die Jüngste, blickt uns mit einer Mischung aus Schüchternheit und Interesse an. Mit ihren langen schwarzen Haaren sieht sie aus wie eine kindliche Scheherazade.

Soheers Mutter ist Witwe. Ihr Gatte war ein reicher Geschäftsmann in der Textilbranche. Die Wohnung der Familie macht einen geschmackvollen Eindruck, doch bei genauerem Hinsehen fällt auf, dass der alte Glanz ein wenig matt geworden ist: Türen klemmen, Schaniere sind ausgerissen, Geräte kaputt. Seit dem Tod des Vaters sorgt ein Onkel für die Familie.

Wir erzählen von unserer Reise und Soheer übersetzt ins Arabische. Die Familie hört aufmerksam zu, so aufmerksam, dass wir uns beinahe geehrt fühlen. Schließlich werden wir mit ägyptischen Speisen bewirtet: Molocheija (eine Suppe), und Mah shi (kleine, in Weinblätter gehüllte Reisröllchen). Zum Schluss serviert uns Mohammed, der älteste Sohn, heißen Karkade. Das ist frisch aufgebrühter Malvenblütentee.

Nach dem Tee wird der Kassettenrekorder eingeschaltet. Eine familieninterne Bauchtanzvorführung steht auf dem Programm. Hebba bekommt ein schwarzes Fransentuch um die Hüften gebunden und beginnt ganz schüchtern zu tanzen, dann immer selbstbewusster. Mit ihrer zierlichen Figur führt sie alle Bewegungen voll Anmut aus. Sie ist sich ihrer Wirkung voll bewusst und die Augen ihrer Geschwister leuchten vor Stolz.

Als wir zum Mittanzen aufgefordert werden, stellen wir uns recht ungeschickt an. Aber wir ernten viel Lob. Niemand lacht über uns, nur eine Welle warmer Gefühle schlägt uns entgegen. Nach einigen Minuten können wir unsere Bewegungen schon besser koordinieren: Wir wackeln mit den Hüften und machen verschlungene Bewegungen mit Armen und Händen.

Die Familie lädt uns daraufhin ein auch die Großeltern zu besuchen, die in einem anderen Stadtteil leben. Im Hof der alten Leute gackern die Hühner, als wir durch das enge Stiegenhaus höher steigen. Die Großmutter sitzt in der Küche auf einem niedrigen Schemel und kocht am Boden Ozbane, das sind in Magenhaut gewickelte Reisröllchen, die fettig schmecken. Während wir essen, begibt sich der Großvater zum Gebet in die Moschee. Danach bittet man uns ein Foto zu machen. Bevor es klickt, wird mir rasch der Hahn der Großmutter in den Schoss gedrückt, weshalb, weiß ich nicht. Der Gockel ist genauso verdattert wie ich und vergisst sogar das Krähen.

Jeder möchte uns kennen lernen, deshalb müssen wir noch andere Verwandte besuchen. Eine der dazugekommenen Tanten ist Friseurin. Sie lässt es sich nicht nehmen, mich so zu schminken, wie eine Ägypterin an ihrem Hochzeitstag geschminkt werden würde. Als ich Heinz vorgeführt werde, raunt er mir zu:

„Mit dem dicken hellblauen Lidschatten siehst du aus wie eine käufliche Dame".

In einer Oase

„Wohin seid ihr unterwegs?", werden wir einige Male auf der Straße gefragt, als wir mit Reisetaschen beladen durch Alexandria ziehen. Sobald wir unser Reiseziel nennen, geraten die Neugierigen ins Schwärmen. „Ah, Siwa", heißt es dann, „das ist ein sehr, sehr schöner Ort!"

Die Oase gilt als die schönste des Landes. Bis vor wenigen Jahren war sie noch für Touristen gesperrt. Aufgrund ihrer Abgeschiedenheit konnten sich uralte Riten und Gebräuche erhalten. Sie war deshalb ein gefragter Ort für Ethnologen. Die Menschen Siwas sprechen obendrein eine eigene Sprache: Siwi, einen Berberdialekt.

In einer unserer Taschen befinden sich wertvolle technische Geräte aus dem Boot. Wir wollen sie während unserer Abwesenheit bei Soheers Familie deponieren. Soheers Mutter hat Tee und frisch gebackene, mit Hackfleisch gefüllte Teigtaschen für uns vorbereitet. Ihre Warmherzigkeit strahlt wohl tuend auf uns über. Als wir zum Busbahnhof aufbrechen, küssen wir einander zum Abschied nach Landessitte dreimal auf die Wangen und den Mund.

Im Bus wählen wir die Plätze in der ersten Sitzreihe hinter dem Fahrer. Noch bevor es losgeht, öffnen wir unsere Proviantdose und verteilen Teigtaschen. Die Gesichter der Mitreisenden erhellen sich merklich. Einige der verschleierten Beduinenfrauen trauen sich nicht zuzugreifen und warten, bis ihre fragenden Blicke vom Oberhaupt der Familie mit einem Nicken beantwortet werden. Die beiden Buschauffeure, die sich auf der Fahrt abwechseln werden, kennen hingegen keine Hemmungen.

Der Weg nach Siwa ist weit. Die Oase liegt an der ägyptisch-libyschen Grenze, im Südwesten der von Salzsümpfen durchzogenen Kattarasenke. Unser Bus fährt zunächst in die auf halbem Weg zwischen Alexandria und der libyschen Grenze gelegene Mittelmeerstadt Marsa Matruh. Von dort geht es in südlicher Richtung weiter, etwa 300 Kilometer in die Wüste. Nur selten sehen wir Beduinenzelte, manchmal tauchen Kamelherden wie aus dem Nichts auf.

Nach insgesamt acht Stunden im Bus taucht der erste Lichterschein der Oase auf. Es ist ein feierlicher Augenblick. Erste Häuser gleiten in der

Dunkelheit vorbei. Als wir den Hauptort Siwa erreichen, erweckt ein hellerleuchtetes Areal unsere Aufmerksamkeit. Im ersten Moment glauben wir ein modernes Kunstwerk oder eine Nachbildung wild zerklüfteter Berge vor uns zu haben. Dann erkennen wir, dass es sich um die aus Lehm gebaute Altstadt von Siwa handelt. Die noch stehenden Fassaden und Mauerreste ragen in bizarren Formen in die Höhe.

Der Bus hält am Marktplatz. Trotz der vorgerückten Stunde herrscht dort noch reges Treiben. Von den Balken eines Ladens baumeln geschlachtete Tiere, Ziegen oder Schafe. Auf einigen Verkaufstischen werden Datteln, Tomaten und Bananen angeboten. Hühner gackern in Käfigen, Melonen und Mehlsäcke liegen am Boden verstreut. Die Händler haben sich Schals umgewickelt, denn es ist ziemlich kühl. Wir schlagen den Weg zum Hotel Cleopatra ein und kommen dort im letzten freien Zimmer unter.

Am nächsten Morgen zieht es uns in die verfallende Altstadt, die sich labyrinthartig auf einem Felshügel ausbreitet. Die alten Lehmbauten sind meist leer stehend oder als Ställe in Verwendung. Kleine Gucklöcher sind die einzigen Lichtquellen der Häuser. Aber sie halten das Innere schön kühl. Das bemerken wir, als uns eine junge Berberin in ihrem Haus Selbstgeflochtenes und Selbstgenähtes anbietet.

Am höchsten Punkt des Altstadthügels haben wir eine herrliche Aussicht. Vor uns ausgebreitet liegen schattige Dattelpalmen- und Olivenhaine, dazwischen Wüstenhügel, an die sich die kleinen Siedlungen schmiegen. Die kubenförmigen Häuser tragen die Farbe der Wüste. Ich setze mich nieder und lasse die Umgebung auf mich wirken. Der Wind fährt mir mit warmen Stößen durchs Haar. Ich stelle mir vor, mit einer Karawane durch die Sahara zu reisen, immer Richtung Süden, tagelang, wochenlang. Irgendwann käme ich nach Kenia oder Tanzania, in jene Länder, die wir mit unserem Schiff in einigen Monaten erreichen wollen. Reisen wie mit einer Karawane – Sichfügen, Dahinfließen mit der Zeit –, so würde ich gerne reisen. In diesen Minuten sehe ich unserer Segelreise mit Gelassenheit entgegen. Die Dinge werden geschehen.

Am späten Nachmittag sitzen Riki und ich in Abdou's Restaurant und essen Tihina (würzige Sesamsauce), gebratenes Rindfleisch mit Salat und

Fladenbrot. Dazu trinken wir Bier und Cola. Zum Nachtisch Sachlab, das ist heiße Milch mit Kokosflocken, Zucker und Rosinen. Ein junger Deutscher hat sich zu uns gesellt und erzählt von einer hervorragenden Musikvorstellung, die er gestern Abend miterlebte. Junge Siwa-Männer hätten in der Altstadt ein großes Feuer abgebrannt und dazu traditionelle Musik auf traditionellen Instrumenten gespielt. Idriss sei der Organisator. Er komme jeden Abend in Abdou's Restaurant.

Am Abend treffen wir Idriss im Restaurant. Die Vorführung würde um acht Uhr beginnen, meint er. Treffpunkt hier. Preis zehn Pfund. Bisher hätten sich aber erst drei Interessenten gemeldet, ein Amerikaner und wir. Das sei noch zu wenig. Er entfernt sich wieder und wir bleiben sitzen. Bill, der Amerikaner, setzt sich zu uns. Um neun Uhr kehrt Idriss zurück und ist bereit, die Vorführung auch für drei Zuhörer abzuhalten. Froh nicht umsonst gewartet zu haben, verlassen wir das Restaurant.

Idriss und einer seiner Brüder führen uns in ihr Elternhaus am Rande der Altstadt. Das Haus ist völlig aus Lehm gebaut und mehrere Etagen hoch. Eines der letzten bewohnten. Über eine Treppe, die sich leicht gekurvt in den ersten Stock zieht, gehen wir neugierig zum großen Wohnraum. Der Herr des Hauses, ein etwa 60-jähriger, dürrer Mann, dem das Beduinenleben noch ins Gesicht gefurcht ist, sitzt mit gekreuzten Beinen am Boden und begrüßt uns. Wir setzen uns auf den Teppich nieder.

Eine seiner Töchter serviert uns Tee. Während wir trinken, stellt Idriss die Musikertruppe zusammen. Der Vater und Idriss' Brüder trommeln auf Tablahs (Trommeln) und singen. Er selbst spielt Quanun, ein Instrument, das einer Zupfzither gleichkommt, und Ziehharmonika. Dazu kommt noch ein junger Mann, der die Nay (Flöte) bläst. Als Mitsänger und Klatscher fungieren einige Einheimische.

Schließlich verlassen wir das Haus. Die Vorführungsstätte liegt in einer Höhle in der Altstadt. Auf allen Vieren kriechen wir durch ihren engen Eingang. Nach einigen Metern tut sich ein kleiner Raum auf, der im vorderen Bereich etwa 1,60 Meter hoch ist und im hinteren noch niedriger wird. Wir drei Westler drängen uns in einer Ecke zusammen. Etwa zehn Leute pressen sich in den Raum, beim Eingangsschlauch hocken noch einmal fünf. In der Mitte brennt eine Petroleumlampe, deren Licht eine urzeitliche, wilde Stimmung erzeugt. Gespannt und neugierig erwarten wir die ersten Klänge.

Die Trommler beginnen mit einem einfachen Rhythmus. Die Mitsänger setzen mit einem Refrain ein. Die Musik – das spüren wir sofort – hat ihre Wurzeln im weit entfernten Schwarzafrika. Sie ist impulsiv und ansteckend. Man möchte sich auf der Stelle nach ihren Rhythmen bewegen. Mit einem gellenden Schrei leitet Idriss' Vater die Strophen eines Liedes ein, das die Angst bei einer unmittelbar bevorstehenden kriegerischen Auseinandersetzung vertreiben soll. Das geht bis in die Knochen. Und ohne den Text zu verstehen, weiß ich, worum es geht.

Ich schließe die Augen um mich vollkommen auf die Musik zu konzentrieren. Als ich sie wieder öffne, bemerke ich, dass sich die Aufmerksamkeit der jungen Burschen auf Riki gerichtet hat. Mit ihren pechschwarzen Augen senden sie Blitze aus, die von allen Seiten trichterförmig auf sie einfallen. Sie, die einzige Frau in der Runde, ist der Mittelpunkt des Geschehens. Idriss beginnt verstohlen sie zu berühren. Bei den Ziehharmonikapassagen nützt er jede Ausholbewegung dazu. Ich versuche sie näher an mich zu ziehen, doch es ist kein Platz.

Irgendwie ist es seltsam. Einerseits wissen sie, dass wir verheiratet und ihrem Handeln eindeutige Schranken gesetzt sind. Andererseits ist die Stimmung so aufgestachelt, dass jeder sein Glück über einen Blickkontakt versucht. Die Qualität ihrer Musikdarbietung profitiert von dieser Konstellation enorm. Aber ich fühle mich gar nicht wohl dabei.

Eineinhalb Stunden sind rasch verflogen. Der Sauerstoff wird knapp, die Hitze nahezu unerträglich. Aber die Burschen denken nicht ans Aufhören. Idriss springt auf einmal auf: Bedingt durch den niedrigen Raum, geht er leicht in die Knie und legt den Kopf nach hinten. Seine Ziehharmonika hält er wie seine Geliebte. Ich verspüre ein Ziehen in der Magengegend. Hoffentlich gerät das Ganze nicht außer Kontrolle. Bills Anwesenheit beruhigt mich.

Idriss' Vater, der zwischenzeitlich verschwunden war, taucht nun wieder auf. Er deutet auf die Uhr: schon nach Mitternacht. Als der Alte bemerkt, dass einer der Burschen betrunken ist, drängt er ihn aus der Höhle. Ich bin mir nun sicher, dass für uns keine Gefahr besteht.

Die letzten Töne verklingen. Benommen kriechen wir aus der Höhle. Ein klarer Wüstenhimmel liegt über der Oase. Die frische Luft trocknet den Schweiß auf unseren Körpern. Wir sind uns bewusst etwas Besonderes erlebt zu haben. Auch Bill zeigt sich stark beeindruckt.

„Sie haben für dich gespielt", meint er Riki gegenüber.

Am nächsten Morgen stehen wir zeitig auf um den Sonnenaufgang beim Orakel-Tempel auf einer Anhöhe über dem Dorf Aghurmi mitzuerleben. Der heftige Sandsturm der vergangenen Nacht hat den Horizont unter einem Staubschleier begraben. Über den Wüstenhügeln, dem Salzwassersee, den Dattelpalmen- und Olivenbaumplantagen liegt eine düstere Farbschicht. Allein der Mond hat nichts von seiner Leuchtkraft eingebüßt.

Wir sitzen auf den Steinquadern der Tempelanlage und warten, bis es hell wird. Erste Eselkarren poltern über die Sandpisten und Männer kommen aus ihren Häusern um trockene Palmwedel zum Feuermachen zu holen. Bilder des gestrigen Musikabends ziehen wieder an mir vorüber – das flackernde Licht der Petroleumlampe, die Höhle, die tranceartig vorgetragenen Lieder. Ich höre noch die Musik in meinen Ohren – rhythmisches Trommeln, beschwörerisches Flötenspiel, rasendes Händeklatschen, fremdartiger Gesang.

Und ich sehe noch die Blicke der Burschen vor mir. Was wäre geschehen, wenn Riki ihnen mit Arroganz oder Gleichgültigkeit begegnet wäre oder ich eingegriffen hätte? Ich glaube, die Vorführung hätte leicht in ein Konsumieren mit vorheriger Bezahlung abgleiten können. Manche Ereignisse, denke ich, muss man zulassen, damit sie geschehen können.

Im Kino

„Internationales Filmfestival in den Kairoer Kinos" lesen wir auf einigen Plakaten und Transparenten, als wir abends durch die Straßen Kairos schlendern. Wir sind erst vor einigen Stunden mit dem Superjet-Bus von Alexandria in die ägyptische Hauptstadt gekommen.

„Wäre das nicht eine gute Gelegenheit einen englischen Film zu sehen?", schlägt Heinz vor. Ich bin seiner Meinung, denn die schmalzigen ägyptischen Flimmerstreifen, die wir in letzter Zeit im Fernseher bei Soheers Familie sahen, waren beinahe unzumutbar.

Das Interesse an ausländischen Filmen ist überraschend groß. Vor einem der Festival-Kinos herrscht großer Andrang. Sogar für Polizeischutz ist gesorgt, denke ich, denn viele der Herumstehenden sind Uniformierte. Wir studieren das Festival-Programm. Die Titel der Filme sagen uns nichts, so entscheiden wir uns aufs Geratewohl für eine spanische Produktion, die in einem anderen, nahe gelegenen Kino läuft.

Auch dort hat sich eine große Menschentraube gebildet. Wir zwängen uns durch den Eingang. Als sich das Gedränge gerade aufzulösen scheint, spüre ich plötzlich einen groben Finger zwischen meinen Pobacken.

„Weg da, Saukerl!", schreie ich erbost und drehe mich um. Meine Hand möchte auf eine Männerbacke niederklatschen, aber auf welche? Jeder Kerl in meiner Umgebung kann es gewesen sein, jeder tut natürlich so, als wäre nichts gewesen. Wütend erreiche ich die Kinokassa.

Der Film hat noch nicht begonnen. Wir nehmen auf einer Wartebank vor dem Saaleingang Platz. Heinz zückt die Kamera um die gegenüber sitzenden Polizisten zu fotografieren, doch das bekommt ihm schlecht. Ein Saalaufseher reißt ihm den Apparat aus der Hand. Aus Sicherheitsgründen, wie er meint. Als er protestiert, verlangt er die Batterien. Ägyptisches Theater, denke ich.

Endlich ist Einlass. Der Kinosaal ist einer von der altertümlichen, feudalen Sorte – mit viel rotem Samt und schweren Vorhängen. Mir fällt auf, dass nur Männer auf den Sitzen Platz nehmen – auch die Polizisten sind darunter –, aber keine einzige Frau. Ich denke mir nichts dabei. Der Film läuft in spanischer Sprache mit englischen Untertiteln. Er ist – das stellt sich bald heraus – miserabel. Nur auf einem Gebiet ist er es nicht. Eben das wirft ein deutliches Licht auf einige Problemstellen der ägyptischen Gesellschaft.

Es ist kaum zu glauben: Jeder Kuss, jede Umarmung führt zu gesteigerter Unruhe im Saal. Wenn die Szenen „heiß" werden – und das geschieht etwa alle zwanzig Minuten –, kommt Stimmung in den Saal. Peepshow-Stimmung. Da gibt es keinen mehr, der sich noch ruhig halten könnte, nicht nervös auf dem Stuhl hin und her rutschte. Da wird mitgestöhnt, mitgegrölt und mitkommentiert, so als ob nicht erwachsene Männer sondern pubertäre Jugendliche auf die Leinwand starrten. Und wehe, der auf der Leinwand agierende Liebhaber erdreistet sich zu früh schlapp zu machen! Das gehört mit höhnischem Gelächter und Buh-Rufen geahndet.

Glücklicherweise verstehe ich kein Wort von dem, was sie dem armen Leinwandhelden zurufen. Aber eines ist mir klar geworden: Das Kinopublikum kam aus anderen Gründen hierher als wir vermuteten, jedenfalls nicht um Englisch zu lernen oder sich dem Westen gegenüber aufgeschlossen zu zeigen. Es will „nackte Tatsachen" und sonst gar nichts! Ich bin nahe dran, einfach aufzustehen und zu gehen. Aber ich bleibe sitzen.

Ich denke an die Worte des Kartenverkäufers. Ob der Film denn etwas tauge, fragten wir ihn.

Alle Filme seien großartig, meinte er prahlerisch. Ich blicke ungeduldig auf die Uhr. Der Film müsste längst zu Ende sein. Auf der Leinwand stöhnt die spanische Hauptdarstellerin ein letztes Mal – als Gebärende. Ein Neugeborenes schlüpft aus ihrem Bauch, in Nahaufnahme und unter Wasser. Dann ist der perfekte Aufklärungsfilm für Zukurzgekommene zu Ende. Mir ist klar, dass der Film selbst die kühnsten Hoffnungen der meisten hier Anwesenden überstieg.

Beim Verlassen des Kinos bestätigen sich meine Befürchtungen. Ich werde von allen Seiten angegafft, schamloser als je zuvor. Die Blicke sprechen eine deutliche Sprache. Ich wünschte im Boden versinken zu können. Für die Dauer des allgemeinen Hinausdrängens bin ich die blonde Variante der Signora aus dem Film.

Auf dem Weg zurück ins Hotel sind wir sehr schweigsam.

„Sie haben ein Vermögen bezahlt", meint Heinz unvermittelt. Ich verstehe nicht, was er meint.

„Na, die Bullen", grinst er, „bei ihrem niedrigen Monatslohn!"

Ich lächle säuerlich. Aber seine Hochrechnung stimmt natürlich. Sieben Pfund Eintritt pro Person – für ägyptische Verhältnisse ist das wirklich ein Vermögen.

In der Wüste fällt das Warten leicht

Draußen vor meinem Zugfenster scheint die Zeit stehen geblieben zu sein. Kilometer für Kilometer das gleiche Bild: Zuckerrohr-, Mais-, Reis-, Hirse-, Kartoffel-, Zwiebel- und Kohlfelder wechseln einander ab. Die Regelmäßigkeit der Feldstrukturen wird von großflächigen Dattelpalmen, Orangen- und Bananenplantagen durchbrochen – und von Dörfern. Ihre Bewohner, die Fellachen, bewirtschaften das Land nach uralten Anbau- und Bewässerungsmethoden.

Meine Aufmerksamkeit gilt den Menschen entlang der Bahntrasse. Die zahlreichen Kinder blicken neugierig herüber, wenn der Zug vorbeibraust, und winken. Männer in weißen oder blauen Galabayas reiten auf Eseln, andere liegen faul neben dem Bahndamm und dösen vor sich hin. In bunten Kleidern und mit Tüchern auf dem Kopf arbeiten die Mädchen und Frauen auf den Gemüsefeldern oder sie knien an den Ufern der Kanäle, reiben ihre blechernen Töpfe mit Nilschlamm aus, spülen sie mit Nilwasser.

Unser Zug ist auf dem Weg in die südlichste Stadt Ägyptens, Assuan. Sie liegt neunhundert Kilometer von Kairo entfernt. Gestern machten wir einen Zwischenstop in Edfu um den Horus-Tempel zu besichtigten, den größten nach Karnak. Er war voll mit Touristen. Unter dem monumentalen Hauptportal und der mächtigen Säulenhalle wirkten sie klein und unbedeutend. Und doch: Ihr hordenhaftes Auftreten raubte dem Tempel etwas von seiner Ehrfurcht gebietenden Atmosphäre.

Ich denke zurück an die Pyramiden von Giseh: Dort war es ähnlich. Im Inneren der Mykerinospyramide stank es sogar nach Urin und auf dem

Pyramidengelände konnte man keinen Schritt gehen, ohne ein Kamel, ein Pepsi, ein T-Shirt, ein Taxi oder sonst etwas angeboten zu bekommen. Wir stiegen frühmorgens auf einen nahe gelegenen Hügel um die Pyramiden in aller Stille zu betrachten. Beim Abstieg kam ein einsamer Eseltreiber auf uns zu, der mir den Eindruck vermittelte, als sei er in irgendein Wüstendorf unterwegs. Aber als wir einander nahe waren, wurde der dürre Mann plötzlich lebendig: Eilig fischte er zwei Getränkeflaschen aus den Taschen, die vom Rücken des Tieres baumelten, und – flugs – waren sie auch schon offen.

Ich schmunzle in mich hinein: Ja, das ist Ägypten. Wer sich neppen lassen will, findet ausreichend Gelegenheit. Der Eseltreiber verlangte fünf Pfund für seine lauwarmen, nicht bestellten Getränke. Wir haben zum Glück schon Routine im Umgang mit aufdringlichen Leuten und zahlten ihm nur ein Viertel des Preises. Der alte Fuchs zog trotzdem zufrieden von dannen.

Assuan erreichen wir nach einer insgesamt sechzehnstündigen Fahrt. Uns schlägt ein herrliches Klima entgegen. Die Stadt ist berühmt für ihre trockene und nicht zu heiße Luft. Wir nehmen ein Zimmer im Abu-Simbel-Hotel, von dem aus wir gute Sicht auf den Nil haben. In sanften Schleifen, breit wie ein See, windet er sich durch die grauen Granitfelsen, die den ersten Nilkatarakt bilden. Große Inseln stehen darin, die größte heißt Elephantine.

Auf der kleineren Kitchener-Insel befindet sich ein botanischer Garten, der einen auffallend grünen Tupfen bildet. Zahlreiche Feluken segeln zwischen den Inseln und der Stadt hin und her.

Gleich am nächsten Tag lassen wir uns mit der Fähre ans andere Nilufer bringen, wo das Mausoleum des Aga Khan auf einem Hügel thront. Der Einfluss des südlichen Nachbarlandes ist spürbar: Die meisten Passagiere sind dunkelhäutige Nubierinnen, die in ihren schwarzen Umhängen noch dunkler wirken. Ihre Gesichter sind unverschleiert, ihre Hände mit zierlichen, hennafarbenen Mustern überzogen.

Die Kuppel des Mausoleums dient uns als Orientierungspunkt. Wir haben vor, ein Stück in die Wüste zu wandern um die aus dem 7. Jahrhundert stammenden Ruinen des Simeonsklosters zu besichtigen. Der Wüs-

Der Wüstenwind hat Wellenmuster in den Sand modelliert,
wie sie die Meeresbrandung nicht schöner hätte zeichnen können.

[Wüstenlandschaft nahe Assuan, Ägypten]

tenwind hat Wellenmuster in den Sand modelliert, wie sie die Meeresbrandung nicht schöner hätte zeichnen können.

Wir steigen auf die höchste Düne in der Nähe des Klosters. Der Sand ist so fein wie Grieß. Bei jedem Schritt sinken wir ein und hinterlassen Spuren, die nur für Augenblicke Bestand haben. Am höchsten Punkt setzen wir uns nieder. Meine Hände graben sich in den Sand, zeichnen Kreise, Kurven, formen Mulden. Immer wieder lasse ich ein Häuflein Sand zwischen meinen Fingern zu Boden rieseln – wie Miniaturwasserfälle.

Willst du Wirklichkeit erleben,
versuche nicht sie zu verstehen.
Schau nur hin, bewerte nicht,
sonst verschwimmt sie und zerbricht.

Meine Fingernägel leuchten dunkelrot, haben feine, weiße Zeichnungen drauf. Soheers Maniküre hat sie mir noch in Alexandria lackiert. Jetzt, im Sand, stechen sie wie Blut hervor und wirken sehr orientalisch. Ich könnte eine Beduinin sein. Und da begreife ich, dass ich mich nicht nur äußerlich verändert habe – meine Haare sind strohblond, mein Teint ist dunkler geworden – sondern auch innerlich. Der Grund liegt in der Faszination, die der Orient und die Wüste auf mich ausüben.

Ein Teil meines Lebens ist mir fremd geworden, jener, der früher ein ständiges Annehmen von Herausforderungen und Verpflichtungen bedeutete, ein ewiges Abarbeiten anstehender Aufgaben, denen ich nicht aus dem Weg gehen wollte, sei es aus Pflichtbewusstsein, aus Ehrgeiz oder sonstigen Gründen. Das machte mich zu einem unauffälligen Mitglied der Gesellschaft.

Aber wusste ich nicht, dass gerade den Unauffälligen, den Angepassten, manche Seiten unseres Geistes verschlossen sind, sich womöglich niemals öffnen, wenn man sich nicht zwingt sie zu öffnen? Sind verschlossene Kammern in mir aufgesprungen?, frage ich mich. Ich glaube schon. Auf einer steht: Das Leben genießen, sich seinem Fluss hingeben, sich treiben lassen. „Bokkara, inshallah!“ (Morgen, so Gott will!). Wie oft wurden wir mit diesen Worten in Ägypten vertröstet. Morgen, vielleicht, oder übermorgen oder irgendwann. Es ist eine Kunst, warten zu können ohne sich zu ärgern. Doch in der Wüste fällt das Warten leicht. Nichts bringt einen hier aus dem Gleichgewicht. Sie hat etwas Absolutes, Unantastbares an sich. Ihr Da-Sein, ihre Unaufdringlichkeit lassen Gedanken reifen, die in einer hektischen Atmosphäre niemals sprießen würden.

Wir steigen den Hügel hinab zum nahe gelegenen Kloster, das eine festungsartige Mauer umgibt. Sie sollte die koptischen Mönche vor wilden Nomadenstämmen schützen. Die Mönchs-Schlafzellen sind noch in gutem Zustand. Was die frommen Männer dazu trieb, hierher zu ziehen, sich einer spartanischen Lebensweise zu unterziehen, ist mir auf dem Hügel oben klarer geworden: die Sehnsucht nach Selbstverwirklichung. Sie saßen in schmucklosen Zellen, trugen schlichte, einheitliche Gewänder, unterschieden sich äußerlich kaum voneinander, gingen unter in einer farblosen Gruppe und einer farblosen Umgebung – und gerade das half ihnen sich selbst zu entdecken, weil sie gezwungen waren sich um so mehr auf sich selbst zu konzentrieren.

Die Tage in Assuan verlaufen ruhig und entspannend. Wir fahren im Sammeltaxi zu den Tempeln in Abu Simbel am südlichen Ende des Assuanstausees, machen eine Felukenfahrt auf dem Nil, beobachten die Nilschiffer bei ihrer Arbeit. Die Nachmittage verbringen wir in den Restaurants am Nilufer, trinken Tee, rauchen Wasserpfeife und spielen Domino.

Ein Kalamitätentrip

„No problem", platzt es aus dem bärtigen Ägypter heraus. Wieso denn „no problem"? Hat sich der Bug seines Fischerbootes nicht eben in unser Steuerbordruder gebohrt, dass die Glasfaserspäne nur so wegflogen? Und außerdem: Warum kommt er überhaupt bei diesem schlechten Wetter längsseits, wo doch seit Tagen ein Sturm über Alexandria hinwegfegt und die Boote im Osthafen nur so tanzen?

Die Antwort lässt nicht lange auf sich warten. Der bärtige Fischer hält sich an der Reling fest und frägt vertrauensselig:

„Captain, sexmagazine?"

Riki, die neben mir an Deck steht, blickt entgeistert. Auch ich stehe ein paar Sekunden lang wie angewurzelt da, doch dann wird mir klar, dass diese Frage keine weiteren mehr aufwirft.

„No, not have and not need!", antworte ich durchaus freundlich.

Enttäuscht bindet der Ägypter seinen Kahn los und tuckert davon. Wir blicken mit einer Mischung aus Amüsement und Ungläubigkeit hinterdrein. Dann inspizieren wir das Ruder. Es hat ein großes Loch, das Laminat ist rundherum aufgebrochen. Dass wir von dem Übeltäter keinen Schadenersatz erwarten können, ist sonnenklar. Wir sind lange genug in Ägypten um den Vorfall unter „Inschallah" abzuhaken und reparieren den Schaden ohne zu murren.

Seit unserer Rückkehr aus Oberägypten müssen wir Acht geben, in Alexandria nicht Wurzeln zu schlagen: Wir erhalten einige Einladungen von Einheimischen und sind ständig unterwegs. Auch bei Soheers Familie sind wir wieder häufig zu Gast. Soheer und ihre Schwester Socha nehmen uns sogar in ihr französisches Mädchengymnasium mit, damit wir den morgendlichen Fahnengruß im Schulhof miterleben und mit dem DAT-Rekorder aufzeichnen können.

Ende Dezember bereiten wir alles für ein Weitersegeln nach Port Said vor. Die Familie besucht uns ein letztes Mal am Boot. Beim Abschiednehmen können wir die Tränen nicht unterdrücken. Auch sie sind traurig, dass wir weitersegeln. Den Angestellten des Yachtclubs überreichen wir zum Abschied Austria-Abzeichen, auf denen der Großglockner, der Lin-

Nach eineinhalb Monaten im Hafen hat sich unser Anker in einem Gewirr aus Ketten, Muringleinen, Steinen und Bojen verfangen und ist nur schwer zu lichten.

[Hafen von Alexandria, Ägypten]

zer Pöstlingberg und andere „weltberühmte" Plätze zu sehen sind. Es entsteht ein regelrechtes Gerangel um sie. Von Ahmed, dem Oberkellner, bekommen wir eine Papyrusrolle überreicht, auf der der Kalender 1993 aufgedruckt ist. Dann brechen wir nach Port Said auf. Es ist der 26. Dezember 1992.

Nach eineinhalb Monaten im Hafen hat sich unser Anker in einem Gewirr aus Ketten, Muringleinen, Steinen und Bojen verfangen und ist nur schwer zu lichten. Außerhalb des Hafens empfängt uns schwacher Südwind. Um der Seekrankheit vorzubeugen haben wir Scopoderm-Pflaster hinter unsere Ohren geklebt. Doch unserem „dritten Mann an Bord", dem Autopiloten, hätten sie ebenfalls gut getan. Nach drei Stunden quittiert er den Dienst. Von nun an müssen wir selbst am Steuer stehen.

Der Wind wird stärker und dreht immer mehr auf Ost, bis er genau aus der Richtung kommt, in die wir segeln sollten. Es hat den Anschein, als würde uns das Mittelmeer die lange Segelabstinenz nicht so rasch verzeihen. Mit gerefftem Vorsegel, Babystagsegel und Großsegel kreuzen wir der ersten Nilmündung bei Rosetta entgegen, vor deren Untiefen wir im Yachtclub ausdrücklich gewarnt wurden. Einige Yachten seien dort schon aufgelaufen.

Nachts fahren wir eine Wende nach der anderen – so nahe wie möglich an der Küste und so weit wie nötig von ihr entfernt. Es scheint kein Mond, die Sicht ist schlecht. Das Leuchtfeuer von Rosetta dient uns als Orientierungspunkt. Ich zögere eine Wende in Küstennähe etwas hinaus um Riki länger Schlaf zu gönnen. Beim nächsten gemeinsamen Kontrollblick steht unverhofft ein schwarzer Turm vor uns. Wir erschrecken.

Ein hastiger Blick auf das Echolot bestätigt es: Nur mehr wenige Meter unterm Kiel! Wir setzen sofort zur Wende an. Die Tiefe nimmt langsam wieder zu. Aber erst als das Leuchtfeuer von Rosetta nur mehr ein schwacher Punkt am Horizont ist, sind wir beruhigt.

Wir müssen hart am Wind segeln. Das Vorsegel spannt sich bei jeder starken Böe mit einem peitschenartigen Knall. Plötzlich hat das Segeltuch einen langen Riss am Achterliek. Die Genua ist unbrauchbar geworden, wir rollen sie weg. Die Schiffsbewegungen sind so ungestüm, dass wir eine Ewigkeit brauchen um die Rollfock aufzuziehen.

Um mehr Fahrt zu machen lassen wir den Motor die ganze Zeit mitlaufen. Als wir mitten in einer Flotte ägyptischer Fischerboote sind, leuchtet die Öldruckwarnung auf. Wir stoppen den Motor und füllen Öl nach. Das Warnsignal verschwindet. Zweifel am Erfolg unserer Motorreparatur in Chania bleiben bestehen. Er braucht zu viel Öl.

Als wir die Landzunge bei Damietta, der zweiten Nilmündung, am Abend des zweiten Tages umrunden, können wir Halbwind segeln. Das Boot liegt ruhiger und die Segel werden nicht mehr so stark belastet. Riki nützt die Gelegenheit und bereitet das erste warme Essen seit der Abfahrt. Das ständige Steuern hat uns hungrig und müde gemacht.

Am Morgen des vierten Tages künden die weit vor der Küste ankernden Frachtschiffe davon, dass wir uns der Einfahrtsstraße von Port Said nähern. Einige Lotsenboote sind gleich zur Stelle. Wir machen uns einen Spaß daraus, ihre Anbiederungsversuche abzuwehren, indem wir auf das notdürftig reparierte Ruder zeigen, wild mit den Armen fuchteln und Iskandariya (Alexandria) rufen. Die Männer auf den Booten werden kleinlaut, so als fühlten sie sich für unseren Ruderschaden mitverantwortlich.

Am Steg des Yachtclubs von Port Said erwartet uns ein umtriebiger Suezkanal-Agent, der den kaputten Autopiloten noch am selben Tag in eine Werkstätte bringt. Aber aus der Reparatur wird nichts. Noch Schlimmeres gilt für die zerrissene Genua. Sie wird nicht repariert, sondern ruiniert: Der ägyptische Segelmacher näht ohne uns vorher zu fragen, einen dicken Verstärkungsstreifen am kaputten Achterliek mit engem Normalstich auf, wodurch das Genuatuch an der neuen Naht wie perforiertes Papier aufreißt.

Zwei Tage nach unserer Ankunft in Port Said ist Silvester. Leider gelingt es uns nicht, in den Geschäften ein Fläschchen Wein aufzutreiben. Dabei hätten wir ein paar kräftige Schlucke durchaus nötig gehabt. Am Silvesterabend redet Riki wieder von „Sisyphos und dem schweren Stein". Ihr will dieses Bild erst aus dem Kopf gehen, als unsere kleine zweisame Bordparty so richtig in Schwung kommt. Prost! Ein Schuss Rum nach dem anderen landet in unseren dampfenden Teetassen. Bei kühlen sieben Grad plus Außentemperatur sind Rumtee und frisch geröstete Erdnüsse tolle Stimmungsmacher. Zwischen halb elf und halb zwölf gelingen unsere Parodien auf die lustigsten Erlebnisse in Ägypten wirklich meisterhaft.

Um Mitternacht steigt keine einzige Rakete in den Himmel. Der unspektakuläre Jahreswechsel verstärkt das Bewusstsein fern der Heimat zu sein. Aber Wehmut empfinden wir keine. Im Gegenteil. Wir sind froh die alten Geleise verlassen zu haben und eine fremde, anregend wirkende Umgebung um uns zu haben.

Die Bilanz der ersten Reisemonate ist eindeutig positiv ausgefallen. Dass sich die Ereignisse manchmal überstürzten – daran werden wir uns gewöhnen müssen. Lediglich das Motorproblem macht uns Sorgen. Ich kenne die Maschine noch zu wenig. Wenn wir den Suezkanal einmal hinter uns haben, sind die Brücken nach Europa abgebrochen.

Ein kecker Mäuserich

Die Überholung des Motors dauert mehrere Tage. Der ägyptische Mechaniker reinigt das Kühlsystem und die Kühlgänge eines der beiden Zylinderblöcke und zeigt sich am Ende vom Erfolg seiner Arbeit überzeugt. Wir bleiben etwas skeptisch.

Tagelang fegt ein starker Südwind über Port Said hinweg, der den Kanal für kleine Boote unpassierbar macht. Wir haben dadurch genügend Zeit einen neuen Autopiloten in England zu bestellen und die von der Kanalbehörde vorgeschriebenen Sicherheitskontrollen in Ruhe abzuwickeln. Die meisten Beamten füllen die mitgebrachten Formulare selbst aus und überprüfen praktisch nichts. Nach der Amtshandlung erwarten sie sich „Bakschisch".

Die einen lächeln uns vertrauensselig an oder werfen uns fragende Blicke zu, die anderen halten einfach die Hände auf oder sagen direkt, was sie wollen. Der Feuerpolizist zum Beispiel gehörte zur letzten Gruppe. Er überprüfte unsere Feuerlöscher, hinterließ dabei eine Spur öliger Fußabdrücke im Boot und wollte dafür Zigaretten – vorzugsweise Marlboro –, Dollars „as you like" oder sonstige „presents". Wir entschieden uns für die Variante „present" und hefteten ihm den „Pöstlingberg" an die Brust.

Die meisten Segler beschweren sich natürlich über die Bakschisch-Gepflogenheiten der Behörden. Aber Bakschisch ist eine Art Armensteuer und auch als solche im Islam verankert. Ein Reicher zahlt einem Armen Bakschisch, wenn er dessen Dienste in Anspruch nimmt. Wir haben das längst akzeptiert und uns dadurch viele Diskussionen erspart.

Am 9. Januar 1993 ist es so weit: Der von der Kanalbehörde zugewiesene Lotse kommt an Bord. Der alte Mann deutet einmal kurz geradeaus um die Richtung vorzugeben, in die wir steuern sollen. Damit hat er seinen Job erledigt. Von nun an sitzt er schlafend im Cockpit. Als er aufwacht, gibt er mir mit einer Handbewegung zu verstehen, dass er Hunger habe. Ich bewirte ihn mit Keksen, Erdnüssen, Käse, Brot, Thunfisch, Tee und Karkade, denn es ist kühl.

Wir haben nicht den Eindruck weiter in den Süden unterwegs zu sein. Es regnet leicht. Die Steinwüste zur Linken wirkt kalt und abweisend. Nur der Grüngürtel an der Steuerbordseite bringt etwas Frische in das farblose Bild. Zu Mittag kommt uns der Frachterkonvoi aus Suez entgegen. Es sind lauter Geisterschiffe: Niemand ist an Deck zu sehen. Wir weichen an den äußeren Rand der Fahrstraße aus. Danach haben wir den Kanal wieder für uns allein.

Die durch den Sturm entstandene Gegenströmung hindert uns daran, zügig vorwärts zu kommen. Am Nachmittag haben wir erst Kilometer 51 erreicht. Wir machen für die Nacht fest. Der alte Lotse geht von Bord, nachdem er am Vorschiff auf seinem Gebetsteppich zu Allah betete. Wir schalten die Schiffsheizung ein. In der wohligen Wärme, die sie ausstrahlt, lässt es sich gut Karten spielen und Tee trinken.

Erst am nächsten Tag erreichen wir Ismailya. Für die letzte Etappe wird uns ein neuer Lotse zugeteilt. Der quirlige Mann mit Schnauzbart heißt Salem Josef und ist ganz anders als sein Vorgänger. Stunde um Stunde steht er selbst am Ruder. Aber schließlich wird es ihm doch zu anstrengend. Schlimme Kopf- und Ohrenschmerzen zwingen ihn sich auf der Sitzbank im Salon auszustrecken. Wir bringen ihm unsere weiß-schwarze Schirmmütze mit den Ohrenklappen, die ihn wie einen kecken Mäuserich aussehen lässt. Aber die Mütze führt zu keiner Besserung.

Salem bittet uns um Ohrentropfen. Heinz holt sie aus der Bordapotheke, träufelt sie ihm ein und kehrt ans Steuer zurück. Der Lotse bleibt im Salon liegen. Es dauert nicht lange, da wird er von Kreuzschmerzen gepeinigt. Nur eine Massage könne ihm helfen. Schön langsam verstehe ich sein Spiel. Ich gebe ihm zu verstehen, dass meine Frauenhände zur Linderung seiner Beschwerden nicht zur Verfügung stünden. Da kehrt seine Gesundheit schlagartig zurück und er besteht darauf, ans Ruder zurückzukehren.

Das hätte er lieber nicht tun sollen. Es ist inzwischen dämmrig geworden und wir sind nur mehr wenige Kilometer von Suez entfernt. Der wiedergenesene Patient übersieht eine der großen, orangen Begrenzungsbojen und fährt mitten über sie hinweg. Das Ungetüm schiebt sich kratzend zwischen unseren Rümpfen hindurch. Für den Bruchteil einer Sekunde stockt es an der Schiffsschraube, dann kommt es am Heck hervorgeschossen – wie ein Torpedo! Wir stoppen die Maschine und nehmen den Z-Antrieb hoch. Der Propeller sieht aus, als wäre ein Rudel Ratten über ihn hergefallen. Seine Aluminiumflügel sind überall angeknabbert. Zwischen den Rümpfen verläuft eine Kratzspur, die – wie Heinz nach einem Sprung ins Wasser feststellt – harmloser ausfiel als das Gepoltere vermuten ließ.

Salem macht ein unschuldiges Gesicht. In Suez hat er noch die Unverfrorenheit uns mitleidsvoll um Bakschisch anzubetteln. Wir sind der Meinung, dass eigentlich wir die Ärmeren sind und würdigen ihn keines Blickes mehr. Von der Kanalbehörde können wir jedenfalls keinen Schadenersatz erwarten, denn der Kapitän trägt während der Kanaldurchfahrt die volle Verantwortung. Wir montieren den kleineren Reservepropeller und haken den Vorfall wieder unter „Inshallah“ ab.

Wenn Heinz seine 100-Watt-Lampe in unregelmäßigen
Abständen einschaltet, habe ich das Gefühl in einer Geisterbahn zu sein.

[Jungfische in einer Felshöhle, Nachttauchgang]

Täglich unter Wasser

„Komm' schon!", ruft mir Heinz aufmunternd zu.

Er schwimmt in voller Taucher-Adjustierung im Wasser, während ich zögernd auf der Heckplattform stehe. Über mir zieht der grelle Lichtkegel des Leuchtfeuers von Ras Umm Sidd seine Kreise. Ras Umm Sidd liegt am südlichen Ausgang des Golfs von Aquaba, nur wenige Kilometer nordöstlich von Sharm-el-Sheik. Erst vor vier Tagen sind wir nach einem 35-stündigen Törn von Suez hierher gekommen.

„Da sind keine Haie!", höre ich Heinz rufen.

Woher will er das wissen? Der bevorstehende Nachttauchgang – es ist der erste seit sieben Jahren – kostet mich einiges an Überwindung, vor allem deshalb, weil wir etwa einhundert Meter über das offene Wasser schnorcheln müssen um die Riffkante zu erreichen. Laut Echolot ist das Wasser hier dreißig Meter tief.

Ich gebe mir einen Ruck und springe. Noch ehe ich hinter dem trüben Vorhang aufperlender Luftblasen etwas erkennen kann, schwenkt meine Lampe schon in alle Richtungen. Ihr schwacher Lichtstrahl endet im gespenstischen Nichts.

Das Wasser ist ziemlich kalt. Ich verharre kurze Zeit regungslos, bis sich ein gleichmäßig warmer Wasserfilm unter meinem Neoprenanzug gebildet hat. Während der Schnorchelstrecke hinüber zum Riff halte ich Kopf und Arme möglichst ruhig, damit kein frisches Wasser in den Anzug nachkommt. Heinz ist hinter mir. Er hat die stärkere Lampe, aber er verwendet sie noch nicht um die Batterie zu schonen.

Erst an der Riffwand fühle ich mich sicher. Wir tauchen an ihr entlang Richtung Kapspitze, vorbei an fächerartigen Gorgonien, die wie filigrane, platt gedrückte Bäumchen aussehen. Die tagaktiven Fische schlafen, nur wenige werden durch den Schein der Taucherlampe geweckt. Überall schweben bunte Papageienfische in Felsritzen und -nischen. Ich berühre einen vorsichtig mit den Fingerspitzen. Er schläft weiter, auch als ich mehrmals über seinen abgerundeten Kopf streichle. Es ist ein eigenartiges Gefühl, die schleimige Haut eines Papageienfisches zu berühren. Die Schleimhülle verhindert, dass ihn nächtliche Räuber riechen.

Wenn Heinz seine 100-Watt-Lampe in unregelmäßigen Abständen einschaltet, habe ich das Gefühl in einer Geisterbahn zu sein. Mal leuchtet mir ein mit Haarsternen, Schwämmen und Muscheln überzogener Korallenstock entgegen, mal ein Schwarm silberner, fast durchsichtiger Jungfische. Auch Anemonen mit rosa und violetten Mänteln wiegen sich in der Strömung. Einmal blicken mir die großen Augen eines Igelfisches entgegen, dann die kleineren, gelb umrandeten eines Zackenbarsches.

Heinz ist vorausgetaucht und zeigt auf einen sandigen Fleck. Ich komme näher und sehe eine lachsfarbene Nacktstecke mit zwei zapfenartigen Fühlern am Boden liegen – die größte, die ich je sah. Fast dreißig Zentimeter ist sie lang. Wahrscheinlich eine Spanische Tänzerin. Obwohl wir wissen, dass sie sich im freien Wasser sehr anmutig fortbewegen würde, lassen wir sie in Ruhe.

Meine schwache Lampe erhellt nur einen kleinen Ausschnitt des Riffs. Ich habe aufgehört nach hinten zu blicken. Der Blick ins Schwarz beunruhigt mich und gibt mir das Gefühl verfolgt zu werden. Nach dreißig Minuten sind unsere Tauchflaschen noch halb voll, doch die Kälte treibt uns zum Auftauchen. Im Eilzugstempo schnorcheln wir zum Boot zurück. Kurze Zeit später dampft die vorbereitete Suppe in den Tellern. Die heißen Schlucke wärmen uns von innen.

Von nun an sind wir täglich unter Wasser. Die Unterwasserwelt ist noch genauso faszinierend wie vor sieben Jahren. Da waren wir das letzte Mal am Sinai zum Tauchen. Wir können nur wenige Veränderungen feststellen. Eine ist, dass das Wrack vor Ras Mohammed, die JOLANDA, verschwunden ist. Es wurde in einem schweren Sturm in die Tiefe gerissen. Nur mehr ein Teil der Ladung ist zurückgeblieben.

Eine andere besteht darin, dass wir keinen einzigen Riffhai sehen, weder bei frei stehenden Riffen Ras Mohammeds noch vor Ras Umm Sidd oder sonst wo. Das ist wohl auf den zunehmenden Tauchtourismus zurückzuführen. Obwohl die Tauchsaison noch nicht richtig angelaufen ist, mangelt es nicht an ägyptischen Tauchbooten. Um ihnen zu entkommen ziehen wir uns in die nordwestlich der Sinai-Südspitze gelegene Lagune von Shab Mahmoud zurück.

Shab Mahmoud hat keine Inseln. Nur im Osten, in weiter Ferne, sind die Silhouetten der Gubal-Inseln zu erkennen. Im Norden stehen die rötlich-braunen Gipfel des Sinai-Massivs, deren Südhänge in eine flache Wüste auslaufen. Die Lagune ist von Korallenblöcken durchzogen. Wir machen die VENETIA CLAIRE etwa hundertfünfzig Meter vom Riff entfernt mit zwei Ankern fest. Es bläst ziemlich starker Nordwind. Vor dem Außenriff sind die Wellen zwei Meter hoch. Unser Boot schaukelt in der Lagune nur leicht auf und ab.

Hier fühlen wir uns zum ersten Mal fern der Zivilisation, nur von Wasser, Wind und Sonne umgeben. Die Tauchgänge am Riff verlaufen anders als die vorherigen. Die Fische ziehen sich in die verwinkelten Gänge der Korallenstöcke zurück, sobald sie uns sehen. Wir verhalten uns deshalb passiv, bleiben manchmal eine Stunde am selben Platz und beobachten nur. Nach den Tauchgängen legen wir uns auf die Heckplattform, in warme Decken gehüllt, und blättern in unseren Fischbestimmungsbüchern.

Jeden Nachmittag zeichnet die Sonne einen funkelnden Lichtkegel auf das Wasser. Seine Lichtflecken schaukeln wie goldene Vögel vor unserem Boot. In dieser Atmosphäre der Stille wird uns bewusst, wie sehr wir das Alleinsein in unberührter Natur schätzen. Wir wünschen uns nur, weiter in den Süden zu segeln, in Gebiete, in denen die Zivilisation noch ferner, die Natur noch unberührter ist. Es ist, als könnte nur dort eine weitere Steigerung unseres Wohlgefühls auf uns warten.

IM ZEICHEN DER ABENTEUER

Wir haben den Sinai verlassen und steuern auf den Hafen Hurghadas zu. Die Leinen zum Längsseitsanlegen am Steg sind schon vorbereitet, doch Heinz entscheidet sich im letzten Moment zusätzlich den Heckanker klar zu machen. Wir sind schon nahe am Pier, als er ihn ins Wasser fallen lässt und rasch zum Bug läuft um die Leinen zu bedienen. Ich stehe am Steuerrad und bemerke, dass die Ankerleine unbelegt ist, springe zum Heck um das ausrauschende Tau zu fassen – stolpere – und bin auch schon im Wasser. Als ich zur Badeleiter zurückschwimme, spüre ich etwas an meinem rechten Fuß. Ich strample, doch der Fuß verfängt sich und wird plötzlich zur Schiffsschraube hingezogen.

„Himmel", schießt es mir durch den Kopf, „die Ankerleine ist in den Schiffspropeller geraten und der Vorwärtsgang ist noch drinnen."

Durch die rotierende Schraube verdrillt sie sich zu einer dicken, sich immer fester zusammenziehenden Leinenwurst. Verzweifelt halte ich mich an der Badeleiter fest und versuche das Bein zu befreien. Doch der Motor läuft gnadenlos weiter und verstärkt den Schraubstock. Mein Unterschenkel ist fest umschlossen. Es gibt kein Entrinnen.

„Hilfe! Hilfe!", brülle ich panisch vor Schmerz und Angst. Ich denke: Wenn der Fuß in die Schraube gerät … sie zerfleischt ihn.

Drei Ägypter springen von der Hafenmauer auf unser Boot. Sie blicken mich hilflos an und tun nichts. Heinz kommt angerannt und verscheucht sie wütend.

„Was ist los?", schreit er. Er erfasst die Situation rasch und tut das einzig Richtige: Er stellt den Motor ab. Der Schraubstock verstärkt sich nicht weiter, aber die Fesseln schneiden mir noch mit gleicher Intensität ins Fleisch. Heinz zieht das verrenkte Bein über die Wasseroberfläche und versucht den Knoten zu lösen.

„Ein Messer, ein Messer. Losschneiden. Schnell. Ich halt das nicht mehr länger aus!", schreie ich.

Das Küchenmesser ist zu stumpf. Heinz sprintet nochmals los um ein schärferes zu holen. Es dauert eine Ewigkeit, und eine weitere bis das Tau – Kardeel für Kardeel – durchtrennt ist. Ich klammere mich an der Badeleiter fest, halte meinen Kopf über Wasser und schmore im Fegefeuer.

Schließlich zieht er mich an Deck, wo ich wimmernd liegen bleibe. Ich taste nach der verletzten Stelle und massiere das umliegende Gewebe. Erst dann betrachte ich sie genauer. Der rechte Unterschenkel sieht blutleer aus, ist dünn wie der Knochen darunter. Die Haut ist seltsamerweise – fast – heil geblieben. Das Tau war zu dick um sich ins Fleisch zu schneiden. Ich blute nur an den Stellen, wo mich das Messer verletzte.

Heinz bringt mich in meine Koje, wo ich mich von dem ersten Schock erhole. Er durchsucht die Bordapotheke und zieht das Erste-Hilfe-Buch zurate. Dann bestreicht er die verletzte Stelle mit einer Salbe und legt einen Umschlag mit essigsaurer Tonerde darüber. Ich bin erleichtert, als der Unterschenkel seine normale Farbe wiedergewinnt. Nach einigen Stunden lässt das Brennen nach und die gequetschte Stelle ist sichtbar breiter geworden.

In den nächsten Tagen bleibe ich im Bett. Heinz kocht und bringt mir regelmäßig Vitaminsäfte. Die Wunde heilt gut. Als er mich scherzhaft die „verhinderte Käptin Ahab“ nennt, können wir über den Vorfall schon wieder lachen. Aber nachdenklich hat er uns schon gemacht. Der Unfall und die Art, wie wir damit umgehen, gehen mir immer wieder durch den Kopf. Ich hätte eine schwere Fußverletzung davontragen können.

Aber nicht einmal kurz nach dem Unfall haben wir über eine Unterbrechung der Reise gesprochen. Welchen Wert hat sie für uns bekommen? Ist uns ihr Gelingen wichtiger geworden als alles andere? Ist unser Hunger nach intensivem Leben unstillbar? Vor uns liegt ein von Riffen durchzogenes Meer. Es gibt keine Servicestationen, falls wir wieder Probleme mit dem Motor bekämen. Trotzdem weiter! Und ich? Ich bin gelassen, fast fatalistisch gelassen.

Als wir abtauchen, tut sich eine unberührte,
von Schwerelosigkeit und Stille geprägte Zauberwelt auf.

[Große Gorgonie]

Tauchgang vor Rocky Island

Am 27. März 1993 stechen wir von Hurghada aus in See. Unser Ziel ist Rocky Island. Die abseits gelegene ägyptische Insel gilt als spektakulärer Tauchplatz. Mike, der Kapitän des Tauchcharterbootes LADY JENNY V, hat ihn uns in Sharm-el-Sheik empfohlen.

Nach vier Nächten auf See taucht die kleine, vegetationslose Felsinsel aus dem Meer auf. Wir segeln näher an sie heran und suchen an ihrer windabgewandten Seite nach einer Ankermöglichkeit. Doch das Saumriff endet in einem senkrechten Abbruch, der fünfzig, sechzig Meter in die Tiefe stürzt. Für Boote mit großer Mannschaft wie die LADY JENNY V ist dieser Umstand kein Hindernis: Sie vertäuen sich in Lee der Insel mit mehreren zum Riff hin ausgebrachten Leinen und ein Mannschaftsmitglied hält ständig Ankerwache. Das ist für uns nicht machbar.

„Wir müssen uns die Struktur des Riffes mit der Taucherbrille näher anschauen“, meint Riki. Das Wörtchen „wir“ benutzt sie nur pro forma. Ich weiß, sie hätte nicht den Mut, an der Riffkante ins Wasser zu springen. Rocky Island ist kein Ort, an dem die Zahl der täglichen Tauchtouristen jene der Haie übertrifft.

„Aye, aye, Captain!“, sage ich. Aber diesmal ist auch mir etwas mulmig.

Mit Maske, Schnorchel, Flossen und Bleigurt stehe ich am Bug und schaue ins unergründliche Blau. Dabei fühle ich mich wie ein zweigeteiltes Wesen.

Der eine, der Zweifler in mir, sieht nur unheimliche Schatten im Wasser, hört die Filmmusik zum „Weißen Hai“ – bam, bam bam, bam, ... und erinnert sich zu allem Überdruss auch noch an die Geschichte von dem armen Perlentaucher, der von seinem Boot direkt in das weit geöffnete Maul eines Hais sprang.

Aber der andere, der Fisch, freut sich darauf, Teil des Riffs zu sein und als ich endlich untertauche, bin ich es. Ich tauche ab auf etwa zehn Meter und staune: Eine Riffkante zieht sich um die Insel wie ein überdimensionaler Teller, dessen Rand weit über einen Tisch hinausragt. Der Tellerrand hat Finger – knorrige Korallenfinger. Ich sehe die Konturen des Grundes in sechzig Meter Tiefe. Die Sicht ist gigantisch. Noch unter Was-

[Riki mit Haistock]

ser ist mein Entschluss gefasst: Es muss eine Möglichkeit geben, hier irgendwo zu ankern.

Nur an der Südostspitze bildet das Saumriff eine Art Zunge, über der das Wasser tiefer zu sein scheint. Wir fahren dorthin und ich springe nochmals über Bord.

„Okay", rufe ich nach kurzer Zeit, „das Wasser wäre tief genug!" Sollen wir tatsächlich auf der seichten Riffplatte ankern?, frage ich mich. Das Manöver ist mit hohem Risiko verbunden. Wenn die Verankerung auch nur wenige Meter nachgäbe, würden die Rümpfe sehr rasch an den zerstörerischen Zacken der umliegenden Korallenblöcke reiben. Aber wir gehen das Risiko ein.

Langsam steuert Riki das Boot auf die Riffplatte. Ich dirigiere. Unterm Kiel sind schätzungsweise siebzig Zentimeter Wasser. Ich umwickle einen massiven Korallenstock mit dem zehn Millimeter starken Drahtseil, das wir erst kürzlich in Hurghada kauften. Mit einem Schäkel befestige ich daran das Tau, an dem Riki das Boot festmacht. Danach bringen wir am Heck eine zweite Leine zu einem anderen Korallenstock aus. Somit kann das Boot über dem Riff nicht mehr schwojen. Aber der Ankerplatz – das ist uns vollkommen bewusst – ist der unsicherste und ungewöhnlichste, den wir je hatten.

Als wir abtauchen, tut sich eine unberührte, von Schwerelosigkeit und Stille geprägte Zauberwelt auf. Sie zieht mich augenblicklich in ihren Bann. Die von farbenprächtigen Korallen bewachsene Riffplatte funkelt in der Mittagssonne und geht abrupt in eine senkrechte, teilweise überhängende, von Höhlen und Nischen durchzogene Korallenwand über. Am Riffabbruch blicken wir in ein strahlendes, ungetrübtes Amethystblau. In den oberen Wandetagen wimmelt es von Riffischen. Es sind so viele, dass man glauben möchte, sie wären zuvor mit Nahrung angelockt worden.

Große Mondsichel- und Pantherzackenbarsche kommen aus ihren Höhlen und schwimmen ruhig und gelassen umher, auch auf den unteren, weniger belebten Ebenen. Als wir tiefer tauchen, patrouillieren drei graue Riffhaie mit gleichmäßigem Schwanzflossenschlag am Riffabbruch entlang. Sie gebärden sich wie arrogante Polizisten auf Streife. Was wir tun, ist nicht wirklich interessant für sie. Wir bleiben nur kurze Zeit auf etwa vierzig Meter, dann kehren wir langsam in geringere Tiefen zurück.

Auf etwa zwanzig Meter, direkt unter dem Ankerplatz, entdecke ich eine Grotte. Eine Riesenmuräne streckt ihren Kopf aus einer Nische und macht ihr großes Maul auf und zu. Sie erinnert mich an eine zahnlose, nach Luft schnappende Großmutter. Der lichtreiche äußere Teil der Grotte wird von einem bizarren, mit weißen und roten Weichkorallen überwachsenen Korallenbogen überspannt. Mit der Taucherlampe bringe ich ihn zum Leuchten. Vom hinteren Teil aus blicke ich durch den Eingangsbogen in die Tiefe. Tagelang müssten wir bleiben um nur einige der Geheimnisse dieser Insel zu entdecken.

Nach vierzig Minuten drängt Riki zum Auftauchen. Auch ich musste mehrmals an das schlecht verankerte Boot denken. Wir tauchen an dem Korallenstock vorbei, um den das Drahtseil gewickelt ist. Die daran befestigte Muringleine spannt und entspannt sich dauernd. Manchmal ruckt sie lautstark ein. Ich strecke den Kopf aus dem Wasser und bemerke sofort, dass der Wind zugenommen hat. Riki schwimmt los und klettert über die Badeleiter auf das Boot, während ich zur zweiten Leine tauche. Gerade als ich den Knoten löse, ertönt ein gedämpfter Knall.

„Verdammt, das Drahtseil ist gerissen", schreit sie mir von der Heckplattform aus zu.

Die starke Strömung treibt das Boot im Nu weg von der Insel. Bald kann ich in den Wellentälern nur mehr den Mast erkennen. Hoffentlich versagt der Motor nicht, denke ich. Riki kann das Boot zwar alleine segeln, aber es würde lange dauern, bis sie bei dem starken Wind die Insel wieder erreichte. Gespannt schaue ich dem Boot nach.

Meine hektischen Bewegungen haben einen Hai neugierig gemacht. Ich tauche ein paar Meter ab und halte mich an einem Korallenblock fest. Der Hai veschwindet. Als ich wieder hochkomme, zeigt der Bug der VENETIA CLAIRE wieder in meine Richtung. Ich sammle die Reste der Muringleine ein und schwimme dem Boot ein kleines Stück entgegen. Über die Badeleiter klettere ich rasch an Bord.

Während Riki das Boot auf Kurs bringt und die Genua ausrollt, sitze ich erschöpft im Cockpit, auf das gebrochene Drahtseil starrend.

„Wäre das Drahtseil früher gerissen", sage ich, „die zweite Sicherungsleine hätte dem Druck und den scheuernden Korallen nicht lange

standgehalten. Stell' dir vor, wir tauchten auf und das Boot wäre weit abgetrieben. Glaubst du, ich hätte es bei der starken Strömung und dem Wind noch erreicht?"

„Lass das", antwortet sie energisch, „das bringt nichts. Die Muringleine war zu kurz und zu wenig elastisch und das verdammte Drahtseil zu schwach. Beim nächsten Mal verwenden wir lieber die Kette des Zweitankers. Die bricht bestimmt nicht."

Zwei Wüsten

Rocky Island liegt eine Nachtfahrt zurück. Wir nähern uns der Küste im ägyptisch-sudanesischen Grenzgebiet. Das Bild, das vom Sudan in meinem Kopf existiert, entstand aus Heinz' Erzählungen und den Dias, die er von seiner Nordafrikareise vor vielen Jahren mitbrachte.

Mit jeder zurückgelegten Meile wird das reale Bild deutlicher und die alten Kopfbilder verblassen langsam. In weiter Ferne, kaum noch sichtbar, reihen sich die Gipfel eines Küstengebirges aneinander. Ihre schwärzlich-lila Silhouetten stehen vor einem dunstigen Blau. Alles wirkt wie ein in Pastelltönen hingepinseltes Aquarell.

Ich nehme das Fernglas zur Hand. Vor den Bergen breitet sich Hügelland aus, das, je näher es an die Küste heranreicht, umso karger und steiniger erscheint. Ich sehe nichts außer Sand und Staub, Geröll und Gestein. Keine Spur von Zivilisation. Und da weiß ich: Auch die fernen Berge sind Wüste, nichts als Wüste.

Unser angepeilter Ankerplatz liegt bereits auf sudanesischem Boden. Es ist die Bucht Mersa Umbeila. Am frühen Nachmittag gehen wir dort vor Anker. Wir haben Erholung nötig und bauen gleich das Doppelbett im Salon auf.

Die Sonne ist zur Mittagszeit unheimlich kraftvoll, ja aggressiv geworden. Auf See hatten wir den kühlenden Fahrtwind im Gesicht und konnten den Schatten der Segel nutzen. Leider ist am Ankerplatz nur wenig von dem Nordwind zu spüren, der draußen am Meer weht. Um den Schatten am Boot zu verstärken, spannen wir ein altes Segel über den Großbaum.

Am Nachmittag des nächsten Tages gehen wir das erste Mal an Land. Wir haben je eine Wasserflasche im Rucksack und tragen breitkrempige Sonnenhüte und langärmelige Hemden um uns vor der Sonne zu schützen. Das Schlauchboot lassen wir diesmal im Wasser vor Anker. Die Luftschläuche könnten sich in der Hitze am Strand noch mehr ausdehnen und platzen.

Mersa Umbeila liegt an der Mündung eines Wadis, eines ausgetrocknetes Flusstals. Wir wandern ein Stück landeinwärts. Das Wadi ist der einzige Ort, an dem spärliches Grün gedeihen konnte. Über den wenigen staubig-grünen Dornensträuchern und verkrüppelten Bäumen staut sich die Hitze. Eine Glocke flirrender Luft hängt über allem. Alles ist hitzedurchtränkt, hitzegemartert – jeder Stein, jeder Strauch.

Außerhalb des Wadis erweckt etwas Braunes, Ballenähnliches unsere Aufmerksamkeit. Wir entdecken ein verendetes Kamel: Ohne Kopf, von der Sonne getrocknet und ausgedörrt liegt es im Staub. Sein haarloses, mumifiziertes Fell spannt sich wie die Haut einer Trommel über den Körperhohlraum, aus dem fleischlose Rippen ragen – so weiß, als wären sie mit Wasserstoff gebleicht. Die Knochen der Vorderbeine liegen v-förmig und parallel nebeneinander.

Ich erinnere mich an Assuan. Die Wüste wirkte dort inspirierend, hier zeigt sie sich abweisend, lebensfeindlich. Als plötzlich ein hellfarbener Waran vor uns auftaucht und kurz regungslos verharrt, sind wir überrascht. Seine tief gespaltene Zunge schießt ein paar Mal blitzartig aus dem Maul hervor. Mit schlängelnden Bewegungen, den Schwanz hin und her schleudernd, läuft die etwa einen Meter lange Echse schließlich vor uns davon. Wir können uns nicht erklären, wie sie hier überleben kann.

Auf einem der Hügel am nördlichen Rand der Bucht ist eine Art Markierungszeichen zu sehen. Neugierig, was es sein könnte, steigen wir hoch. Wir finden einige mit Steinen begrenzte Flächen vor, die mit sonnengebleichten Conchschnecken-Gehäusen bedeckt sind. Es sind Beduinengräber, die in östliche Richtung weisen. Vorsichtig betreten wir das Areal.

Die Anhöhe ist ein schöner Platz um begraben zu sein: der Sonne zugewandt, windgekühlt und mit einer durch nichts getrübten Fernsicht. Mir scheint, als stießen hier zwei Welten aneinander, zwei Wüsten. Eigenartig, denke ich, dass die eine, das Land, so tot und die andere, das Wasser, so voller Leben ist.

Wir setzen uns neben die Gräber, das Gesicht der untergehenden Sonne zugewandt. Die meisten Sonnenuntergänge der letzten Wochen nahmen wir bewusst wahr. Keiner war wie der andere. Zu Hause maßen wir ihnen selten besondere Bedeutung bei, selten waren es stille, magische Minuten – so wie jetzt.

Gebannt blicken wir auf den unteren Rand der Sonne. Sie ist eben dabei, das schwarze Band des Horizonts zu berühren. Für Augenblicke scheint sie eine Art Brücke, eine Art Trichter zu bilden und mit dem Horizont verschmelzen zu wollen. Wir warten, bis nur noch ein rötlich-lila Lichtstreifen im Westen liegt, dann kehren wir zum Boot zurück.

Abenteuer mit Schutzpanzer

Am vierten Tag verlassen wir Mersa Umbeila mit dem Schlauchboot um einen viel versprechenden Tauchplatz ausfindig zu machen. Am Saumriff, etwa zwei Kilometer weiter nördlich, werden wir fündig. Als wir nach einer Stunde an die Oberfläche zurückkehren, machen wir verdutzte Gesichter: Das Schlauchboot ist verschwunden. Ich steige auf die Riffplatte um den Horizont abzusuchen. Nichts zu sehen.

„Möglich wär's, dass ich die Leine nicht sorgfältig genug festgebunden habe", sage ich kleinlaut.

Heinz macht mir keinen Vorwurf. Nach unseren Erlebnissen in Hurghada und vor Rocky Island liegt uns viel daran, die wiedergewonnene innere Ruhe nicht schon beim ersten neuen Ärgernis zu verlieren. Wir bleiben realistisch. Falls das Schlauchboot weggetrieben ist, haben wir sowieso wenig Chancen es wiederzufinden.

Über die breite Riffplatte gehen wir zum Strand hinüber. Die Tauchermontur erschwert das Gehen. Mit Bedacht steigen wir von Korallenkopf zu Korallenkopf, immer daran denkend, dass wir einmal einen Steinfisch auf einer Riffplatte sitzen sahen. Steinfische haben Rückenstacheln, deren Gift tödlich wirken kann.

Am Strand entdecken wir frische Reifenspuren, die ein Stück am Ufer entlang und über eine steinige Böschung in die Wüste führen. Wer könnte Interesse daran haben, ein Schlauchboot zu stehlen?, fragen wir uns. Die Beduinen wohl kaum. Sie leben in der Wüste und sind keine Fischer. Dann werden unsere Schritte unwillkürlich länger: Könnte es sein, dass man es auf die VENETIA CLAIRE abgesehen hat?

Die Sonne brennt heiß vom Himmel. Ich habe fünf Kilo Blei auf den Hüften und eine 15-Liter-Stahlpressluftflasche am Rücken und trage einen 6mm starken Neopren-Tauchanzug, der eigentlich für österreichische Bergseen gedacht ist. Bei jedem Schritt versinke ich tief im Sand. Schon nach dem ersten Kilometer bin ich völlig erschöpft.

Heinz eilt voraus. Jede Minute zählt, wenn sich unsere Vermutung bewahrheiten sollte. Eigenartigerweise sind wir völlig gelassen. Es ist, als ob uns die erholsamen letzten Tage einen Schutzpanzer verpasst hätten. Trotzdem kann ich nicht verhindern, dass imaginär Zeitungsschlagzeilen vor mir aufsteigen: „Österreichische Taucher im Sudan gestrandet – ohne Identität, ohne Geld, ohne Boot!“ Aber ich finde sie eher komisch.

Endlich lugt der Mast unseres Bootes hinter dem steinigen Kap hervor. Sein Anblick flößt mir neue Energien ein. Am Strand stehen Jeeps. Offensichtlich Militärautos. Die herumstehenden Soldaten tragen Maschinengewehre, sehen aus wie schwarze Rambos. Zwei von ihnen rudern gerade von unserem Kat zum Strand zurück. Das Schlauchboot, in dem sie sitzen, ist unseres.

Der sudanesische Commander trägt eine dunkle Sonnenbrille und würdigt mich keines Blickes, als ich schwer atmend bei ihm ankomme. Seine Forschheit lässt keinen Zweifel darüber aufkommen, wer hier die Fragen stellt. Aber er spricht gut Englisch, auch einige Brocken Deutsch kommen ihm über die Lippen. Ein gutes Zeichen, denke ich.

Ich mache mir nichts vor: Der Eindruck, den er in den nächsten Minuten von uns gewinnt, kann über alles Weitere entscheiden. Also Vorsicht! Angst habe ich keine. Ob wir nicht wüssten, dass Tauchen im Grenzgebiet zu Ägypten verboten sei?, fragt er. Nein, das hätten wir nicht gewusst, entschuldigt sich Heinz. Dann redet er vom Drogenschmuggel, den es in dieser Gegend geben soll. Deshalb habe er eine Bootsdurchsuchung angeordnet.

Endlich ein Hinweis, was das Ganze zu bedeuten hat! Doch außer Zigaretten, die wir für vorbeikommende Fischer vorgesehen haben, wird man nichts auf unserem Boot finden. Der Kommandant scheint zum selben Ergebnis gelangt zu sein und gibt uns die Bootspapiere mit großzügiger Geste zurück. Dann fordert er uns auf zum Boot hinüberzufahren. Wir sollten nachsehen, ob irgendwelche Dinge fehlten.

Die Soldaten sind durch die große Luke ins Boot eingestiegen. Das Bootsinnere sieht durchwühlt aus. Überall nasse Fußtritte. Wir machen eine flüchtige Bestandsaufnahme. Von den technischen Geräten fehlt nichts, auch Geld, Pässe und die wenigen Schmuckstücke sind noch da. Wir winken zum Strand hinüber, zum Zeichen, dass die Soldaten aufbrechen können. Die Militärjeeps setzen sich augenblicklich in Bewegung. Ihre Funkantennen wippen in den Schlaglöchern wie wild gewordene Angelruten. Nach wenigen Minuten hat die Wüste die Autos verschluckt.

Wir haben keine Ahnung, dass sich ein neuer, ägyptisch-sudanesischer Grenzkonflikt angebahnt hat. Von den Scharmützeln und Gefechten im umstrittenen Grenzgebiet erfahren wir erst Tage später aus den Radionachrichten. Dann bemerken wir auch, dass der Taschenrechner und andere „Kleinigkeiten" nicht mehr auffindbar sind.

Lagerfeuergedanken

Ein starker Nordwestwind jagt uns in nur acht Stunden zur nächsten Mersa: Khor Shin-ab. Sie ist ein fjordartiger Einschnitt an der sudanesischen Küste und von See aus schwer auszumachen. Obwohl wir gegen das Licht der untergehenden Sonne steuern – ein Umstand, der die Erkennbarkeit von Untiefen erschwert –, passieren wir die schmale Einfahrt problemlos.

Der enge Fjord zieht sich mehrere Kilometer ins Landesinnere und ist zu beiden Seiten von Riffen begrenzt. Nach einer halben Stunde gehen wir hinter einer 90-Grad-Biegung vor Anker, ganz von Wüste eingeschlossen. Der Ankergrund ist mit prächtigen Korallen überwachsen. Nur die Mastspitze der VENETIA CLAIRE ragt über die felsigen Abbrüche des Fjordrandes hinaus. Der Ankerplatz erscheint uns wie ein Versteck. Hier ließen sich auch schwere Stürme gut überstehen.

Wir tragen zwei Matten auf das Vordeck und erholen uns von den Anstrengungen des Segeltages. Die Wüstenluft ist trocken und heiß, doch bei jedem Atemzug spüren wir ihre Reinheit. In der Ferne ragt eine Kette dunkler Hügel aus der Ebene empor. Wie ein Riesenwurm mit schrumpeliger, zerfurchter Haut schlängelt sie sich parallel zur Küste entlang. Davor ausgebreitet liegt ödes, steiniges Land. Das dunkelblaue Wasser des Fjordes hebt sich kontrastreich davon ab.

Unser Ankerplatz vermittelt uns das Gefühl, tief in die Wüste hineingesegelt zu sein, an einen Ort vollkommener Ruhe. Stünden noch einige Dattelpalmen am Ufer, könnte man glauben, sich in einer entlegenen Oase zu befinden. Aber grün ist nichts in dieser Landschaft. Ihre Eintönigkeit und Stille lassen uns die eigene Lebenskraft und Lebendigkeit umso deutlicher spüren. Wir freuen uns so autark zu sein, dass wir in so ferne, isolierte Küstengebiete vordringen können. Das Boot stellt alles bereit, was wir zum Leben und Wohlfühlen brauchen.

Als es kühler wird, fahren wir an Land. Nur an einer Stelle ist das Ufer flach und sandig, ansonsten besteht es aus zerklüftetem, fossilem Korallengestein. Wir wandern eine weite Strecke am Wasser entlang und müssen aufpassen uns nicht an den scharfen Felskanten zu verletzen. Die vor uns flüchtenden Geisterkrabben sind die einzigen Lebewesen, denen wir begegnen. Quirlig huschen sie zwischen Wasser und Felsen hin und her. Schließlich klettern wir über die felsige Uferböschung auf das Wüstenplateau. Vegetationslos, von zahlreichen Bodenwellen durchzogen, dehnt es sich vor uns aus. Wir setzen uns nieder und lassen uns vom Nordwind auskühlen. Während die Sonne untergeht und die Luft mit ihrem rötlichen Licht durchtränkt, kehren wir zum Boot zurück.

Am nächsten Tag feiern wir unseren ersten Hochzeitstag mit einem „Dinner-for-two“ am Strand. Heinz hat keine Mühe direkt am Ankerplatz einen Zackenbarsch zu harpunieren. Die Suche nach Holz gestaltet sich schwieriger. Die Wüste ist so karg, dass auch nicht ein verkrüppelter Strauch darin wächst. Kilometerweit müssen wir zum Meer zurück wandern um auf Treibholz zu stoßen. Es ist wie beim Pilzesuchen: Wir freuen uns über jeden noch so kleinen trockenen Ast, den wir im Sand entdecken.

Bis zum Abend haben wir einen ansehnlichen Stapel Holz gesammelt. Kurz vor Einbruch der Dämmerung holen wir den fertigen Picknickkorb vom Boot und entfachen ein großes Feuer am Strand, das wir niederbrennen lassen. Der gesalzene, mit Knoblauch gespickte Barsch kommt auf den Grillrost und die in Alufolie gewickelten Kartoffeln legen wir direkt in die Glut. Die Fischhaut ist bald knusprig-braun und das Fischfleisch von den Gräten ablösbar.

Wir setzen uns auf die ausgebreitete Decke. Während ich die vorbereiteten Salate auf die Teller verteile, öffnet Heinz mit feierlicher Geste die seit Griechenland aufbewahrte Sektflasche und füllt die Gläser. Wir prosten uns zu und nehmen den Fisch von der Feuerstelle. Natürlich langen wir mit den Fingern zu. Das erhöht das Essvergnügen. Die warmen Fischstücke sind saftig und zart. Haut und Gräten landen hinter uns im Sand, wo sie von einigen Einsiedlerkrebsen entsorgt werden. Nach dem Essen zerhacken wir das restliche Brennholz. Das flackernde Licht des Feuers, das wir mit nachgeworfenen Scheiten speisen, zieht unsere Augen magisch an.

Die Nacht ist klar, fast überirdisch klar. Ehrfurchtsvoll betrachten wir den schmalen Mond. Die Milchstraße zieht sich wie eine mattleuchtende Puderspur quer über den Himmel. Unglaublich weit erscheint der Weltraum. Manchmal fallen Sternschnuppen wie Leuchtraketen vom Himmel. Für Sekundenbruchteile zeichnen sie verglühende Parabeln in die Luft. Gebannt blicken wir ihnen nach. Welche Schauer haben wohl die Menschen früherer Epochen bei solchen Anblicken empfunden? Sie wussten sich kosmische Phänomene nicht zu erklären und hatten wohl große Angst und Ehrfurcht vor der Macht der Naturkräfte.

Ein Ort wie dieser hat sich seit ewigen Zeiten nicht verändert. Er scheint losgelöst von jeder Zeitrechnung zu existieren. Wahrscheinlich lebte niemand hier. Zu karg und lebensfeindlich ist der Fjord. Es ist eigenartig: Immer wenn ich in Gebieten bin, die keine menschlichen Spuren aufweisen, sei es unter Wasser, in den Bergen, in der Wüste oder eben hier, entsteht

Das flackernde Licht des Feuers, das wir mit
nachgeworfenen Scheiten speisen, zieht unsere Augen magisch an.

[Mersa Fijab, Sudan]

ein Gefühl der Erdverbundenheit, Geborgenheit. Ängste können sich keine in mir ausbreiten. Der Kopf ist frei, die Gedanken sind klar.

„Auf viertausend Kilometern nur drei oder vier Städte", sage ich nach Minuten der Stille, „Hurghada, Port Sudan, Massaua, Aseb. Stell' dir das mal vor! Dazwischen nur endloses, menschenleeres Wüstenland. Ich habe fast das Gefühl, ein irdischer Raumfahrer zu sein. Das Boot ist unsere Raumkapsel."

„Raumfahrer", wiederholt Heinz, „kein schlechtes Bild. Die Zivilisation ist hier so fern wie die paar Flugzeuge am Himmel. Mich beruhigt das irgendwie, dich nicht auch? Es schränkt unseren Handlungsspielraum auf natürliche Art ein, ob wir wollen oder nicht. Wenn die Raumkapsel Probleme macht, müssten wir uns selbst helfen. Wir wären auf uns selbst zurückgeworfen. Gerade dieser Mangel an Optionen lässt uns mehr in der Gegenwart leben. So soll es sein."

„Aber unsere Raumstation hat noch einen Vorteil. Sie ist sehr weit weg vom Weltgeschehen. So bekommen wir fast nichts mit. Die Gefühle, die uns bewegen, kommen aus Selbsterlebtem und betreffen nur uns. Zu Hause sind wir über die Medien ja nur mit Fremdgefühlen gefüttert worden. Ehrlich gesagt: Ich schaue lieber aktiv in den Sternenhimmel als passiv in den Fernseher."

Eine kleine Wüstenmaus sucht in unserer Nähe nach übrig gebliebenen Fischresten. Sie hat ihre anfängliche Scheu überwunden. Auch die Krebse sind neugieriger geworden. Frech krabbeln sie über die Decke und auf die umliegenden Gegenstände. Von Zeit zu Zeit werfen wir einige Holzscheite und zusammengeknüllte Servietten in die Glut. Das Feuer flackert auf ... die Maus läuft davon ... das Papier brennt nieder ... die Maus kommt zurück.

Das Feuer glüht noch, als wir spät nachts mit dem Schlauchboot zum Boot zurückfahren. Kein Motorgeräusch durchbricht die Stille. Nur das leise Klatschen der Ruderblätter ist zu hören. Der Mond ist untergegangen. Der Schatten des ankernden Bootes ist nicht zu erkennen, das Ankerlicht brennt nicht. Der schwache rötliche Schein des Lagerfeuers und die Kämme der Hügel ringsum dienen uns als Orientierungspunkte. Nach einigen Minuten klettern wir an Bord. An Deck, auf der Bugplattform, richten wir uns eine Schlafstatt ein.

Sturm in Shab Rumi

Im Morgengrauen des 14. April steuern wir das etwa zwanzig Seemeilen nordöstlich von Port Sudan gelegene Riff Shab Rumi an. Jacques Yves Cousteau verhalf ihm Mitte der Sechziger Jahre zur Weltberühmtheit. Er wählte es zum Schauplatz seiner Unterwasserforschungen, dem Conshelf-II-Projekt. Die Garage seines Forschungs-U-Bootes DSR 2 steht noch in der Nähe der südlichen Riffdurchfahrt.

Shab Rumi ist ein reines Riff-Atoll, ohne Inseln. Als sich dunkle, vertikale Balken am Horizont zeigen, bin ich daher verwundert. Im Fernglas entpuppen sie sich als die Masten mehrerer knapp nebeneinander liegender Segelboote. Es hat den Anschein, als ankerten sie mitten im Meer.

Vor der nördlicheren der beiden Riffdurchfahrten bergen wir die Segel und schalten den Motor ein. Heinz steht am Bug und hält nach Korallenblöcken Ausschau. Wegen des trüben Wetters heben sie sich farblich kaum vom tieferen Wasser ab. Die ankernden Boote sind Tauchcharterboote aus Port Sudan. Sie schicken uns freundlicherweise einen Lotsen im Schlauchboot entgegen, der uns durch den etwa fünfzig Meter langen Kanal dirigiert. Es herrscht starker Seitenwind.

Die Lagune ist durchwegs mehr als dreißig Meter tief. Im Norden wird sie knapp vor dem Riffgürtel seichter. Wir werfen den Anker auf zwanzig Meter Tiefe. Mit der Tauchflasche installiert Heinz zusätzlich eine Muringleine, die er mit der Kette unseres zweiten Ankers an einem hochaufragenden, massiven Korallenblock befestigt. Neben uns liegt die SUHEER, ein auf Tauchcharter ausgelegtes Segelboot, das den Österreichern Georg und Moni gehört. Wir kennen sie schon von Port Said und haben einander viel zu erzählen.

Am Abend des dritten Tages ist es schwül und völlig windstill. Seit Monaten fiel kein Regen, obwohl es manchmal danach aussah. Als leise Tropfen auf das Salondach fallen, laufen wir mit dem Duschgel in der Hand an Deck. Kurze Zeit später geht ein kurzer, heftiger Prasselregen nieder. Die Salzkrusten auf unserer Haut sind im Nu wegspült.

Als wir uns anziehen, beginnt das Sonnensegel zu flattern. Wir beeilen uns, das mit starken Gummizügen befestigte Tuch abzunehmen. Beim letzten, noch zu öffnenden Knopf ist es kaum mehr zu bändigen: Der Wind ist bösartig geworden. Dann geht alles unheimlich rasch.

Das Boot, dessen Bug nach Norden zeigt, beginnt sich in weitem Bogen um den Ankerpunkt zu drehen. Mit geweiteten Augen stehe ich an Deck. Die Rifflandschaft gleitet in rasanten Bildern an mir vorbei, so als säße ich auf einem Karussell. Nach einer Hundertachtzig-Grad-Drehung ist der Flug zu Ende. Die Lagune liegt nun vor uns, das Riff nur fünf Meter hinter uns, und über uns fegt der schwerste Gewittersturm hinweg, den wir je erlebten.

Hinter mir droht die Tauchausrüstung auf der Heckplattform davonzufliegen. Ich reiße die Sachen an mich, während Heinz zum Heck stürmt, wo das Schlauchboot befestigt ist. Es hält seine Schnauze steil in den Wind – wie ein Flugzeug beim Abheben. Hastig packt er die Bleigürtel und eine Tauchflasche und lässt sie in den vorderen Teil des Schlauchbootes fallen.

Der Himmel hat sich verfinstert. Mit den Tauchlampen laufen wir zum Bug. Die herangepeitschten Regentropfen stechen wie Nadeln im Gesicht. Lange, verästelte Blitze zucken über den Himmel – wie Blinksalven einer Megalichtorgel. Für Sekundenbruchteile tauchen sie die Lagune in ein blauschwarzes, theatralisch wirkendes Licht.

„Das Boot hängt an der Muring“, schreit mir Heinz entgegen.

Ich sehe es selbst: Das Tau ist aufs Äußerste gespannt, die Ankerkette nicht auf Zug. Der Anker, der zu nahe am Riff liegt und außerdem in der falschen Richtung ausgebracht ist, würde nicht halten.

Die Wasseroberfläche hat sich in eine Kette kurzer, höchstens einen Meter hoher Hackwellen verwandelt. Die von den Wellenkämmen wegfliegenden Gischtfahnen bilden einen glatten Sprühregenteppich. Etwa hundert Meter von uns entfernt versucht die SHADIA, eines der großen Tauchcharterboote, vom Riff frei zu kommen, mit dem sie touchierte. Ein anderes Boot ist ihr zu Hilfe gekommen. Große, schwere Schlauchboote sind im Einsatz.

Die Not der anderen führt uns unsere eigene Machtlosigkeit vor Augen: Wir hängen an einem zum Bersten gespannten Tau. Würde es reißen, hingen wir in wenigen Sekunden am Riff. Das wäre das Ende der Reise. Was können wir tun? Unser 25 PS starker Dieselmotor ist mit

Sicherheit zu schwach um gegen den Sturmwind anzukommen. Auch das Ausbringen eines zweiten Ankers ist nicht möglich, weil das Schlauchboot samt seinem Fahrer weggeblasen werden würde. Den Motor starten wir trotzdem. Sein kaum hörbares, vom Windgeheul übertöntes Brummen gibt uns wenigstens das Gefühl etwas getan zu haben.

Wir kauern uns vor die Eingangstür am Salonboden. Ich zwinge mich die Vorstellung zu verscheuchen, das Schiff könnte jeden Augenblick auf das Riff zutreiben. Aber sie kommt wieder. Der Mast vibriert in den furchtbaren Böen und seine Vibrationen übertragen sich auf das gesamte Boot. Alles in mir erfühlt ihren Stärkegrad, so als wäre ich ein Seismograf.

Von Zeit zu Zeit blicken wir auf die Kompassnadel um die Windrichtung zu kontrollieren. Es wäre gut, wenn sie sich änderte. Vorläufig tut sie es nicht. Wir zählen – 21, 22, 23 –, um die Zeitspanne zwischen Blitz und Donner zu ermitteln. Jeder Donnerschlag, der länger auf sich warten lässt, gibt uns neuen Mut.

Nach zwei Stunden beginnt der Wind von Süd über Ost auf Nord zu drehen. Immer wieder heult er in alter Stärke auf, aggressiv und unberechenbar, dazwischen wird er spürbar schwächer. In den wenigen wolkenfreien Himmelsinseln zeigen sich die ersten Sterne. Weit entfernte, diffuse Blitze erleuchten den nördlichen Horizont, so als stünde dort die Morgendämmerung bevor. Nur mehr wenige Regentropfen fallen auf das Deck. Tack, tack, tack. Ihr müdes, gleichförmiges Trommeln kündet von der Rückkehr zur Normalität.

Wir rubbeln uns mit einem frischen Handtuch ab und ziehen uns trockene Kleider über. Es fallen kaum Worte. Das Geschehene ist noch zu unverdaut, zu frisch, um besprochen zu werden. Ich setze mich in meine Koje – den Rücken an die Backbordwand gelehnt – und ziehe mir die Decke über die Knie. Dann nehme ich mein Tagebuch zur Hand und schreibe alles nieder.

Jetzt gib' Gas

Zwei Tage nach dem Sturm taucht Heinz mit der Pressluftflasche ab und löst die Verankerung der Muringleine. Sie war es, die das Schiff vor dem Schlimmsten bewahrte. Wir starten den Motor und fahren der südlichen Ausfahrt von Shab Rumi entgegen. Alle Boote haben die Lagune verlassen. Nichts erinnert mehr an den schrecklichen Sturm. Der Wind ist schwach, kaum spürbar. Heinz steht am Bug und weist mir die Richtung.

„Jetzt gib' Gas!", ruft er mir zu, als wir die Einfahrt in den Riffkanal passieren.

Ich drücke auf den Gashebel. Der Motor zeigt keine Reaktion. Ich stemme mich gegen den Hebel, drücke noch fester. Das Motorgeräusch verstummt. Sanft, ohne Rülpser, ohne Gestottere. Der Zeitpunkt ist präzise gewählt: Wir stecken schon mitten im Kanal.

„Das Vorsegel raus, sofort!", schreie ich aufgeregt.

Das Steuerrad links liegen lassend, ziehe ich aus Leibeskräften an der Schot. Heinz kommt mit Riesenschritten angerannt um mir zu helfen. Ein Lufthauch treibt uns vorwärts, lächerlich langsam. Komm' schon, Wind! Die beiderseits lauernden Korallenblöcke gleiten im Zeitlupentempo am Boot vorbei. Nach zwanzig, dreißig Metern ist das Wasser dunkler und der steile Riffabbruch erreicht.

„Mein Gott, war das knapp!", sage ich mit einem Seufzer der Erleichterung.

Dann verspüre ich wieder ein Ziehen im Bauch. Verdammt, was passiert denn noch alles mit uns? Vor drei Tagen ein schlimmer Sturm. Jetzt eine brenzlige Situation, die wir mit Glück gut überstanden. Und was kommt nun?

Heinz macht sich gleich daran, den Motor zu inspizieren. Er kontrolliert die Treibstoffleitung. Sie funktioniert: Diesel wird eingespritzt. Ein neuerlicher Durchstartversuch zeigt ihm, dass nur ein Zylinder arbeitet und beim zweiten keine Kompression erfolgt. Das Problem liegt im Zylinder. Als er den Zylinderblock öffnet, wird sein Gesicht länger. Die Diagnose, die er stellt, ist eindeutig – rein und klar wie das Wasser unter uns. Der Zylinderblock hat einen Riss. Der Motor ist am Ende, kaputt.

Was wir nicht wahrhaben wollten, stets verdrängten, insgeheim vielleicht wussten, ist Realität geworden. Nun müssen wir die Suppe auslöffeln, irgendwie. Zwischen dem unspektakulären Ende des Motors, seinem sanften Entschlummern, und der Art, wie wir nun darangehen, die Krise zu bewältigen, zeigt sich eine sonderbare Parallelität: Wir bleiben ruhig und gelassen.

Das Wissen, vor vollendeten Tatsachen zu stehen, und die Notwendigkeit, handeln zu müssen, erzeugen in mir ein eigentümlich belebendes Gefühl. Es bewirkt, dass ich die neue Herausforderung geradezu heiter-entschlossen annehme, so als wäre alles Unwesentliche mit einem Schlag verschwunden und der Blick auf das Wesentliche freigegeben. Es reduziert sich auf eine Frage: Wie gelangen wir in den nächsten Hafen, nach Port Sudan? Alles Weitere ergibt sich danach.

Der Wind ist eingeschlafen. Eine nach Norden ziehende Meeresströmung versetzt uns in Richtung der westlich von Shab Rumi gelegenen Riffe. Im Fernglas sind die hellgrün glitzernden Flecke im Wasser schon zu erkennen. Wir zermartern uns die Köpfe, wie wir den einzigen noch verfügbaren Motor, den 2,5 PS starken Außenborder, an der Badeleiter befestigen könnten. Alle Versuche scheitern.

Schließlich binden wir das Schlauchboot mit mehreren Leinen an der Steuerbordseite fest, so, dass es weder vor noch zurück kann. Den vorderen Bereich beschweren wir mit Blei. Es ist kaum zu glauben: Der kleine Außenborder – von uns schon hundertmal verflucht, weil er sich konsequent weigerte rasch anzuspringen – bewegt das 4-Tonnen-Schiff mit einem Knoten vorwärts. Alle eineinhalb Stunden muss Heinz Benzin nachfüllen. Der Außenborder darf nicht absterben, weil er schon so heiß ist, dass er nicht wieder anspringen würde.

Am Nachmittag kehrt der Wind zurück und wir können segeln. Das sudanesische Festland liegt wie eine glitzernde Fata Morgana am Horizont. Zum wiederholten Mal nehmen wir die Hafenkarte von Port Sudan zur Hand und versuchen sie uns einzuprägen. Es ist das erste Mal, dass wir ohne Motor in einen Hafen einfahren, noch dazu einen von Riffen gesäumten.

Kurz vor Einbruch der Dunkelheit ist die Hafeneinfahrt erreicht. Im Windschatten der ersten Gebäude verliert unser Blister mehr und mehr an Volumen. Heinz springt rasch ins Schlauchboot und startet den Außenborder. Ein auslaufendes Frachtschiff schiebt sich knapp an uns vorbei.

Linkerhand kommen ankernde Yachten und Tauchboote zum Vorschein, dieselben, die Shab Rumi am Morgen nach dem Sturm verließen. Wir steuern auf sie zu. Als der Anker neben der SUHEER fällt und das Boot ausschwingt, habe ich das Gefühl eine kleine Heldentat vollbracht zu haben. Nichts, gar nichts, wäre mir im Augenblick wertvoller als die Gewissheit im sicheren Hafen zu sein.

Trostloses Port Sudan

In Port Sudan sei die Hölle losgewesen, erzählen uns Georg und Moni, die den schweren Sturm im Hafen miterlebten. Er sei der Ausläufer eines Zyklons gewesen, der über Somalia tobte. Sie hätten ihr Schiff nur mit knapper Not retten können: Das in den Hafen von Port Sudan einmündende, seit Jahrzehnten ausgetrocknete Flussbett, das Wadi, schwoll innerhalb kürzester Zeit zu einem reißenden Strom an, der alles mit sich fortriss, was ihm im Wege stand: Bäume, Hütten, Tiere – und Menschen.

Der defekte Öltanker, der seit Monaten am Kai längsseits lag, brach unter dem Druck der starken Flussströmung von seinen Festmachern los und driftete führerlos durch das Hafenbecken, alles brutal niedermähend, was vor seine Stahlwände geriet. Als sie den Koloss auf sich zukommen sahen, hätten sie die Ankerleine in letzter Sekunde gekappt um in einen anderen Teil des Hafens zu flüchten. Sie zeigen uns die Schäden am Heck ihres Schiffes.

In Port Sudan herrscht Katastrophenstimmung. Die Trinkwasserversorgung ist lahm gelegt, das Hafenwasser noch aufgewühlt und schlammig. Einige Tierkadaver treiben umher. Natürlich wäre es uns lieber, wenn wir auf andere Art von der eigenen Misere abgelenkt würden. Doch das Leid der anderen hilft uns unserem Motorschaden den richtigen Stellenwert zuzuweisen. Wir kommen nicht umhin ihn Georg gegenüber zur Sprache zu bringen.

Er kennt die Verhältnisse des Landes, aber Hoffnungen auf eine Motorreparatur im Sudan kann er uns keine machen. Hier würden wir nichts bekommen, nichts erreichen, meint er. Er käme mit seinem Boot stets vollgeladen mit allem Notwendigen aus dem Mittelmeer hierher um nicht auf irgendwelche Ersatzteile angewiesen zu sein. Uns könne er nur raten nach Jedda in Saudi-Arabien zu segeln. Dort seien neue Schiffsmotoren verfügbar. Bei gutem Wind wären wir in spätestens drei Tagen drüben. Die Frage sei nur, ob uns die Saudis in ihr Land ließen.

Fluss des Lebens, du gabelst dich.
Sag, was soll ich tun?
Du bleibst so ruhig, du kennst das Spiel.
Liegt am End' das gleiche Ziel?

Natürlich wissen wir, dass saudische Häfen von ausländischen Yachten nicht angesteuert werden dürfen, es sei denn, sie befinden sich in Seenot. In unserem Fall würde dies im weitesten Sinn zutreffen. Trotzdem bleiben einige Fragen offen: Was täten wir, wenn sich die Saudis weigerten uns in ihr Land zu lassen? Und wenn sie es erlaubten: Wie kämen wir in diesem streng islamischen, abgeschotteten Staat überhaupt zurecht, speziell ich als Frau?

Am nächsten Morgen gehen wir frisch ans Werk. Unsere Energien sind ungebrochen, wir wissen: Für das, was uns in den kommenden Wochen erwartet, brauchen wir Kraft, viel Kraft. Die von Georg vorhergesagten Schwierigkeiten bestätigen sich leider. Der Sudan ist ein bitterarmes Dritte-Welt-Land, Port Sudan eine trostlose Stadt. Es gibt keine Werkstätten, keine Mechaniker, keine Diesel- oder Außenbordmotoren, rein gar nichts. Es gibt auch keine Telefonleitung nach Europa.

Nach einigen Tagen tut sich eine Möglichkeit auf: Ein sudanesischer Agent könnte uns per Schiff einen Langschaft-Außenborder aus Saudi-Arabien importieren, noch dazu zollfrei und innerhalb von zwei, drei Wochen. Auf dieses Angebot gehen wir ein. Mit einem am Heck provisorisch befestigten Außenborder als Hilfsmotor wären wir zumindest manövrierfähig. Dies würde uns auch die Überfahrt nach Saudi-Arabien erleichtern, denn dazu haben wir uns nach reiflicher Überlegung entschlossen. Alles andere, etwa die Bestellung eines Dieselmotors in Europa, wäre angesichts der Kommunikations-, Liefer-, Zoll- und Einbauschwierigkeiten zu unsicher und umständlich.

Aus den unschönen Müllhalden am Rande des Hafenbeckens holen wir das Rohmaterial für eine Außenborderhalterung. Stunden-, ja tagelang tüfteln wir an einer primitiven, stabilen Holzkonstruktion herum, die wir an der Badeleiter verankern. Die Zeit drängt. Thomas, Heinz' jüngerer Bruder, und seine Freundin werden demnächst am Flughafen in Port Sudan landen um ihren schon seit langer Zeit geplanten, in Hurghada brieflich fixierten Tauchurlaub an Bord anzutreten. Damals glaubten wir nicht, der Motor könnte eingehen.

Da der bestellte Außenborder auf sich warten lässt, heißen wir unsere Gäste mit einem vorübergehend geliehenen Außenborder am Heck willkommen. Es liegt uns viel daran, ihren Urlaub irgendwie zu retten und so angenehm wie möglich zu gestalten. Trotz unserer misslichen Lage stecken wir voller Energien, deshalb segeln wir mit ihnen zum zwölf Seemeilen von Port Sudan entfernten Sanganeb-Riff.

Doch das Unternehmen steht von Anfang an unter keinem guten Stern: Die Flutkatastrophe hat das Trinkwasser verseucht. Wir erkranken an Ruhr – die weibliche Hälfte der Mannschaft schlimmer als die männliche – und müssen nach Port Sudan zurück. Die verschriebenen Medikamente wirken nur langsam. Wir kehren nochmals nach Sanganeb zurück. Der geborgte Hilfsmotor stirbt zweimal an kritischen Stellen ab und löst enorme Hektik an Bord aus. Als unsere Gäste von Bord gehen, ist das Schiff zwar noch – fast – heil, aber wir sind so dünn wie zwei Reffbändsel.

Die Freiheit verloren

Die saudische Küstenstadt Jedda erweckt den Eindruck, als sei sie erst vor kurzem aus dem Boden gestampft worden: überall hypermoderne Bauten – Luxushotels, Ministerien, Bürohochhäuser, Einkaufspaläste; an jeder großen Straßenkreuzung markante Skulpturen; vor der Al-Kournish-Straße, der Küstenstraße, schießt ein künstlicher Riesen-Geysir aus dem

Am Kai direkt vor uns stehen die Gebäude der Küstenwache, links der futuristisch wirkende Kontrollturm – das unübersehbare Zeichen von Reichtum und Modernität.

[Kontrollturm des Jeddah-Islamic-Port, Saudi-Arabien]

Meer und in den Vorstädten stehen Villen wie aus 1001 Nacht mit großen Parks rundherum, Fassaden aus Marmor, Türen aus kunstvollem Holzfiligran, Säulen, Portalen, Erkern und Satellitenantennen auf den Dächern.

Viel davon haben wir noch nicht gesehen: Seit nunmehr drei Wochen sind wir quasi Gefangene auf dem eigenen Boot. Einige Male wurden wir von den Küstenwachbeamten zum Einkaufen in die Stadt chauffiert. Das war die einzige Abwechslung. Ansonsten sind wir zum Nichtstun verdammt. Wenn es uns stimmungsmäßig ganz schlecht geht, bereuen wir nach Jedda gekommen zu sein. Manchmal fällt es uns schwer, neuen Mut zu schöpfen.

Wir gehen sehr vorsichtig miteinander um, denn wir können es uns nicht erlauben, neben den vielen organisatorischen Schwierigkeiten auch noch Beziehungsprobleme aufzubauen. Das Schlimmste ist, dass wir das Boot nicht verlassen dürfen. Aber so lautet die Order der Küstenwache. Das Ausgehverbot belastet die Psyche enorm. Wir können uns die Beine nicht vertreten, geschweige denn schwimmen gehen. Stunde um Stunde hocken wir am Boot und warten, dass mit uns etwas geschieht.

Das Boot liegt im streng abgeriegelten Seehafen Jeddas. Hierher schleppte uns ein Küstenwacheboot am 3. Juli. Wir sind von Kränen, Verladeeinrichtungen, Lagerhallen und Trockendocks umgeben. Am Kai direkt vor uns stehen die Gebäude der Küstenwache, links der futuristisch wirkende Kontrollturm – das unübersehbare Zeichen von Reichtum und Modernität –, rechts die kleine Moschee. Sie erinnert an die Wichtigkeit des Islams in diesem Land. Der Hafen trägt nicht umsonst die Bezeichnung Jeddah-Islamic-Port.

Die ein- und auslaufenden Schiffe kommen aus aller Herren Länder. Die Lotsenboote sind zu jeder Tages- und Nachtzeit im Einsatz. Nachts halten sich die Lotsenbootarbeiter mit lauter arabischer Musik wach, was uns am Einschlafen hindert. Aber das ist nur ein Grund, warum wir schlecht schlafen. Auch die Scheinwerfer, die unser Boot so hell anstrahlen, sind schuld daran. Und natürlich die Schwüle, die unerträgliche Schwüle.

Untertags hat es meist fünfzig Grad im Bootsinneren und fünfundvierzig im Freien. Ohne Klimaanlage an Bord empfinden wir die Hitze als mörderisch. Über dem Asphalt des Betonpiers liegen stets Wellen flirrender

Luft. Es gibt kein Fleckchen Grün in der Nähe. Keinen Rasen, kein Wäldchen, keinen blühenden Strauch. Die gelb-schwarzen Einfassungen der Laternenmasten sind die einzigen Farbtupfer im hitzedurchtränkten Grau.

Heinz setzt sich manchmal über das Ausgehverbot hinweg und marschiert zum Kontrollturm um Wasser zu holen. Wir brauchen Unmengen davon. Duschen ist die einzige Möglichkeit uns abzukühlen. Er nutzt das Wasserschleppen dazu, um sich einige Minuten in den kühlen, vollklimatisierten Toilettenanlagen des Kontrollturms zu gönnen.

Ich – als Frau – traue mich nicht das zu tun. Ich kann ihn nur darum beneiden. Er entschädigt mich jedes Mal mit zwei eiskalten, mit kondensierter Feuchtigkeit überzogenen Colaflaschen aus dem Getränkeautomaten. Seit wir in Jedda sind, gibt es für mich nichts Schöneres, als diese Flaschen an die Wangen zu drücken und zu trinken. Sie sind der Höhepunkt des Tages, mein Opium.

Dass es sich Heinz „erlaubt", am Kai herum zu gehen, zeigt, welchen Unterschied es macht, als Mann in diesem Land zu sein. Er kann sich Freiheiten herausnehmen und niemand regt sich auf. Wenn ich es täte, vielleicht gar in kurzen Hosen und T-Shirt, gäbe es eine Rüge. Nur ungern erinnere ich mich an den Vorfall bei „Al-Baik", einem Fast-Food-Laden: Wir waren zur Krisensitzung beim österreichischen Konsul – man beratschlagte, was mit uns weiter geschehen sollte – und auf der Rückfahrt hielt Sameeh, unser Chauffeur von der Küstenwache, bei „Al Baik". Wir gingen hinein und Heinz bestellte am Verkaufstisch.

„Sorry, Sir, this not for family", meinte der Verkäufer hinter der Theke entschuldigend. In diesem Moment wurde mir klar, dass Frauen in diesem Land gedemütigt werden. Als ich mich umblickte, bemerkte ich die konsternierten Blicke der anwesenden, männlichen, Gäste. So ist das eben: In vielen Lokalen haben Frauen keinen Zutritt.

Als wir mit Sameeh anschließend in der Hafenkantine saßen und ich mir eine kühle Cola genehmigen durfte, brach ich in Tränen aus. Auch der Gedanke an das stickig-heiße Boot war mir unerträglich. Sameeh kratzte seinen Vorrat an Englischbrocken zusammen und versuchte eine „no-problem"-Stimmung aufzubauen. Alles sei doch „mafi mushkilla!" (kein Problem!). Er wirkte so unbeholfen dabei, dass ich bald wieder lachte.

Heute ist der zweiundzwanzigste Tag im Hafen. Zum Thema Motor hat sich bisher Folgendes ergeben: Der Kauf eines neuen Dieselmotors kommt leider nicht in Frage – erstens wegen der geringen Auswahl an kleineren Motoren, zweitens wegen der überhöhten saudischen Preise und drittens wegen der langen Lieferzeiten. Wir haben uns somit zur Reparatur des alten Motors entschieden. Auch das geht schleppend voran.

Die Saudis erlaubten uns freundlicherweise, ohne Hafenagenten zu agieren. Dieser wäre für ausländische Yachten zwingend vorgeschrieben und kostete uns 80 Dollar pro Tag. Weiters durften wir am siebzehnten Tag unserer „Gefangenschaft" den kaputten Motor ausbauen – zu zweit und ohne Fremdhilfe – und in die Reparaturwerkstätte der Firma Al-Kourayef liefern lassen.

Auch Visa haben wir mittlerweile erhalten. Die Anträge mussten sämtliche Behördenstufen durchlaufen, bevor sie schlussendlich am Schreibtisch des Innenministers landeten. Er ist nun unser „sponsor". Normalerweise erhalten ausländische Staatsbürger in Saudi-Arabien nur dann Visa, wenn sie für eine saudische Firma tätig werden. Touristenvisa sind unbekannt, weil es keinen Tourismus gibt. Wir sind ein absoluter Ausnahmefall.

Die Saudis bemühen sich redlich um uns, das muss ich fairerweise zugeben. Aber sie scheitern an ihren eigenen bürokratischen Hürden. Wir können keinen Schritt ohne Aufpasser machen und nichts ohne Erlaubnis der Küstenwache tun. Und unser Boot bietet keine Privatsphäre, das Deck ist ein allseits einsehbarer Ort geworden, sozusagen ein öffentlicher Platz. Ich fühle mich stets beobachtet.

Ich sitze schwitzend im Cockpit und versuche zu lesen. Es gelingt nur schwer. Der saudische Hafenpolizist saß eben noch in seinem Wächterhäuschen am Kai, jetzt marschiert er vor dem Boot auf und ab – mit der MP in der Hand – und wirft mir neugierige Blicke zu. Ich mag ihn nicht. Einmal hatte er einen pakistanischen Gastarbeiter schikaniert, noch dazu, nachdem er kurz zuvor auf den Knien zu Allah betete. Der Gastarbeiter hatte vergessen ihn zu fragen, ob er mit einem Lieferwagen an den Lotsenboot-Pier fahren dürfe. Großer Auflauf. Vergebliche Beschwichtigungsversuche. Fünf Tage Gefängnis für den armen Kerl.

Heinz ist an Deck gekommen und wirft mir besorgte Blicke zu. Er spürt, dass ich verzweifelt bin.

„Komm', wir gehen rüber zum Meer!", beruhigt er mich.

Wir klettern auf die Kaimauer. Ich blicke den bewaffneten Hafenpolizisten herausfordernd an, beinahe mit Verachtung. Wenn er uns jetzt aufzuhalten versuchte, aber dann. Er blickt verdutzt, sagt aber kein Wort. Wir spazieren auf die andere Seite der Hafenanlage, setzen uns auf die Steinplatten der Uferböschung und blicken auf das glitzernde Meer hinaus, sehnsuchtsvoll. Die ausfahrenden Schiffe sind Symbole der Freiheit, Verbindungsglieder zum Draußen. Ich sehne den Tag herbei, an dem wir wieder Segel setzen werden.

Im Nebengebäude des Kontrollturmes drücken wir uns eiskalte Softdrinks aus dem Automaten und genießen das kühle Ambiente. Zurück am Boot versuchen wir die Hilfsmotor-Konstruktion einsatzfähig zu machen. Wir hoffen noch immer demnächst in eine Marina überstellt zu werden. Die Erlaubnis werde nun erteilt, hören wir seit Tagen.

Heinz flucht. Der Außenborder funktioniert nicht. Der Gedanke, wieder um Hilfe betteln, herumlaufen, organisieren zu müssen, ist ihm unerträglich. Die häufigen Bittgänge, das ständige Danke-Sagen-Müssen, haben ihn mürbe gemacht. Während ich von vornherein mit Schwierigkeiten rechnete, schon allein wegen der kolportierten Frauenfeindlichkeit des Landes, war er auf einige Probleme nicht vorbereitet. Wie soll er sich durchsetzen können, wenn er nicht frei agieren kann?

Bisher glaubten wir fest daran, den Problemen mit bewährter Taktik begegnen zu können – mit Beharrlichkeit, Engagement und Kampfgeist. Aber unsere Situation ist anders als alle vorherigen. Wir sind von anderen abhängig geworden – in einer höchst vertrackten Form.

Diese Vertracktheit spiegelt sich in unseren oftmaligen Kniefällen und Danksagungen wider. Diese sind für uns nur unangenehme Folgeerscheinungen der überaus komplizierten Vorschriften und hierarchischen Strukturen des Landes.

Dass wir monatelang tun konnten, was wir wollten, mal Kaiser, mal Knecht, mal Admiral, mal Matrose waren, ist ein schwacher Trost. Jetzt sind wir nur Knechte, nur Matrosen, Bittsteller. Überraschenderweise wird der streikende Außenborder ohne viel Aufhebens in eine hafeninterne Werkstätte gebracht und rasch repariert. Zwei Tage später, am vierundzwanzigsten Tag der Hafeninternierung, können wir endlich jubeln: Unser Boot wird in die nördlich von Jedda gelegene Andalus-Marina geschleppt. Man entlässt uns in die saudische Freiheit.

Beim Scheich

Heinz liegt – entspannt und mit Sonnenbrille – in einer Ecke des Jacuzzis, die Arme weit ausgebreitet und am Beckenrand aufgestützt. Von Zeit zu Zeit zieht er am Mundstück einer saudischen Wasserpfeife. Er inhaliert den Rauch und bläst ihn in Form kleiner grauer Wölkchen aus dem Mund.

Eine dunkelhäutige Hausangestellte hat eben frischen, eisgekühlten Limonensaft an den Swimmingpool gebracht und die leeren Frucht-Cocktail-Schalen abserviert. Ich nehme ein Glas zur Hand, nippe daran und setze meine Plauderei mit dem Schwiegersohn des Scheichs fort. Er lässt sich ebenfalls den Rücken von einem Massagestrahl bearbeiten.

Der Swimmingpool gehört zur Villa von Scheich Abu Rahman. Dass wir zum sonntagnachmittäglichen Barbecue am Pool eingeladen wurden, haben wir Gerhard zu verdanken. Er ist der österreichische Geschäftspartner des Scheichs. Wir lernten ihn in der Andalus-Marina kennen. Die Erinnerungen an unsere Hafeninternierung sind noch lebendig, aber im Moment weit fort.

Ich schwimme zu Heinz hinüber und ziehe am Mundstück der Pfeife. Das Pfeifenwasser blubbert vor sich hin wie ein Mini-Dieselmotor. Ich inhaliere den Zug, halte die Luft einen Augenblick lang an und atme langsam und bedächtig aus. Jetzt entfaltet der Tabak sein fruchtig-mildes Aroma und eine Welle der Entspannung flutet durch meinen Körper, vom Kopf über den Bauch bis hin zu den Zehen. Ein Gefühl wohl tuender Trägheit bleibt in den Beinen zurück. Sie kribbeln, wirken gefühllos.

Am Pool herrscht Urlaubsstimmung. Der Scheich und seine Gattin sonnen sich auf ihren Liegen, ihre Söhne grillen Fleisch, die Enkelkinder tollen im Swimmingpool herum. Die aus Palästina stammende Familie zeigt sich von einer gänzlich legeren Seite: Jedermann trägt Badedress, auch die Töchter des Hauses.

An den öffentlichen Badestränden entlang des Obhur Creek, in der Nähe der Andalus-Marina, sah ich erst vor kurzem Frauen schwarz verhüllt am Strand hocken. Nur manche wagten sich ins hüfttiefe Wasser, von ihren durchnässten Kleidern und Schleiern schwer behindert, während die Männer in Badehosen herumschwammen.

Gut erholt kehren wir am Abend in unserem Mietauto nach Obhur al Shamaleyyah zurück, wo wir bei Fritz wohnen, unserem liebenswürdigen Gastgeber. Wir begegneten ihm erstmals im Jeddah-Islamic-Port, wo er von Ägypten kommend mit einer Motoryacht zwecks Einklarierung festmachte. Er brachte uns zwei gefrorene Hühnchen vorbei und zeigte viel Verständnis für unsere Situation.

Als wir in der Andalus-Marina ankamen, bot er uns spontan sein Haus als Unterkunft an. Wir sind ihm sehr dankbar, nicht auf dem stickigheißen Boot schlafen zu müssen. Fritz arbeitet seit über zehn Jahren in Saudi-Arabien – als Kapitän einer Motoryacht, die einem reichen Scheich gehört. Er besitzt auch ein eigenes Motorboot, mit dem er Tages-Charterfahrten unternimmt.

Eine spezielle Party

Seit dem Besuch beim Scheich führen wir einen Terminkalender. Andernfalls wären wir nicht in der Lage die vielen Einladungen zu diversen Partys zu koordinieren. Der Österreicher-Clan freut sich über die seltenen Gäste aus der Heimat und für uns ist es interessant, das Leben der Ausländer in Saudi-Arabien kennen zu lernen.

Die meisten Parties finden in „Compounds" statt. So werden die Wohnhausanlagen für im Land arbeitende Westler bezeichnet. Sie sind festungsähnlich angelegt, mit einem Schlagbaum am Eingang und von einer Mauer umgeben, die das gesamte Gelände von der Außenwelt abschottet. Die strikte Trennung der moslemischen Lebensart, mit ihren Bekleidungsvorschriften und Verhaltensregeln, von der westlichen Frei-

zügigkeit wird dadurch sichergestellt. Saudischen Staatsbürgern ist der Zugang zu diesen „sündigen" Orten verboten.

Riki, Fritz und ich sind diesmal auf dem Weg zu einer Party, die im „Compound" eines Autoherstellers stattfindet. Da sich Fritz mehrmals verfährt, öffnet sich der Schlagbaum an der Eingangspforte erst nach einer Stunde Fahrzeit. Fritz gesteht ein bisschen beschämt, vor unserer Ankunft in Jedda schon lange an keiner Party mehr teilgenommen zu haben.

Auf der Fahrt zum Haus unseres Gastgebers bestaunen wir einen großen Swimmingpool, mehrere Tennisplätze und den Kindergarten. Die Anlage wirkt sehr gepflegt und luxuriös. Die Bewohner fühlen sich frei und ungezwungen, ganz anders als draußen vor dem Schlagbaum.

Karlchen, unser Gastgeber, ein Freund Gerhards, öffnet die Tür und ist gleich damit beschäftigt, uns sein Haus zu zeigen. Vorraum, Küche, Wohnzimmer mit Esstisch, Schlaf- und Kinderzimmer. Alle Räume sind hell und freundlich, aber doch vom Geruch des zeitlich limitierten Aufenthaltes umgeben. Von der Küche aus gelangt man direkt in einen kleinen Garten. Der Griller für das Barbecue ist bereits vorbereitet.

Die interessantesten Orte sind jedoch, wie in nahezu allen Compound-Wohnungen, der stille und das Bad. Dort wird emsig und mit Hingabe gebraut und gehauert: Weiß- und Rotwein, Sekt und in großen Mengen Bier. Diese erlesenen Tröpfchen sind in Saudi Arabien auf legale Weise nicht erhältlich und so greifen die meisten zur Selbsthilfe: Traubensaft oder alkoholfreies Bier werden unter Zugabe von Hefe und Zucker nachvergoren.

Karlchen hat die erste Party als Strohwitwer gründlich vorbereitet. Wir essen nicht, wir speisen: gegrilltes Rindfleisch, Fisch in Alufolie gegart, verschiedene Salate, Kartoffeln und und und. Das selbst gebraute Bier, etwas dunkler als sonst, und der Wein tragen zur Hebung der Stimmung bei. Auch Johannes, ein Arbeitskollege von Karlchen, gesellt sich noch hinzu. Wir erzählen von unseren Ägypten- und Rotmeer-Abenteuern und unseren Erlebnissen während der Hafeninternierung. Wir werden im Gegenzug mit den besten „Saudi Storys" versorgt, jenen Begebenheiten, in denen meist die „besondere Stellung der Frau im Islam" im Mittelpunkt steht. Die Stimmung ist heiter und ausgelassen.

Doch nach und nach, ganz schleichend, wandelt sich das Verhalten von Karlchen und Johannes. Mag es dem erhöhten Alkoholspiegel ihres Blutes zuzuschreiben sein – auf jeden Fall ist er im Gange: der „Balzer Walzer". Karlchen beginnt mit treulosen Augen von seiner verschmähten Jugendliebe zu schwärmen. Friederike hieß sie und sie hatte, seinen Beschreibungen zufolge, alle Ähnlichkeit mit Riki. Das nächste Glas wird gefüllt.

Johannes, dessen Kopf einmal nach rechts, einmal nach links pendelt, als wäre er auf einem Faden aufgehängt, lallt voll Inbrunst: „Jaaa, die Ulllrrrike!" Er unterbricht und beginnt bedeutungsschwanger noch einmal von vorne. „Ja, die Ulriiike, diiiie hat halt Auuussssstrahlung". Sein Kopf fällt nach vorne. Von ihm ist nichts mehr zu erwarten.

Karlchen aber zeigt mehr Temperament. Er springt plötzlich auf, marschiert bestechend sicher zu seiner HiFi-Anlage und legt passende Musik auf. Freddie Quinns „Junge komm' bald wieder" soll das Herz brechen. „Friederike hatte ihn verschmäht, Ulrike würde er sich nicht durch die Lappen gehen lassen". Solches oder ähnliches geht ihm wohl durch den Kopf, als er Riki zum Tanz auffordert. Von nun an ignoriert er meine Anwesenheit völlig: Ich bin „wegstrohwitwisiert".

Riki ist sich des Ernstes der Lage nicht bewusst und findet ihn drollig. Aber Karlchen lacht nicht. Entschlossen blickt er ihr in die Augen und drückt sie beim Tanz fest an sich. Ich kann mich nicht mehr im Sessel halten, gehe auf die beiden zu und tippe Karlchen auf die Schulter. „Wachwechsel. Tanzablöse", signalisiere ich ihm mit einem etwas säuerlichem Lächeln. Aber Karlchen ist nicht mehr er selbst. Oder vielleicht ganz er selbst. Auf jeden Fall ist er willens, jeden aus dem Weg zu schaffen, der seine Pläne durchkreuzen könnte. Er geht tatsächlich auf mich los. Darauf bin ich nicht gefasst. Gerhard und Fritz, die das Schauspiel aufmerksam beobachteten, springen geistesgegenwärtig dazwischen, noch bevor es zu einer Auseinandersetzung kommen kann. Fritz, der nur mehr den Kopf schüttelt, ergänzt schmunzelnd: „So etwas hab' ich noch nicht erlebt. Kommt, wir hauen ab. Der Bursch ist ziemlich rauschig."

Einen Freund verlassen

Seit eineinhalb Monaten wohnen wir nun schon in Fritz' Haus. Heinz hält die fettige Bratpfanne in Händen, die vom Mittagessen übrig geblieben ist, und kratzt mit der Gabel Käsekrustenreste vom Boden ab.

„Haben die saudischen Kasnocken geschmeckt?", frage ich.

„Sehr gut", meint Fritz.

Saada, Fritz' äthiopischer Haushälterin, ist es anzumerken, dass sie ihr zu fettig waren. Zwischen ihr und mir ist eine Art Kochwettstreit entstanden – ein freundschaftlicher versteht sich, und Heinz und Fritz ließen bisher nicht durchblicken, welcher Köchin der Vorzug zu geben sei.

Nach der üblichen Mittagspause, die diesmal etwas länger ausfällt, fahren wir zum Boot. Am Bootssteg von Fritz' Arbeitgeber steige ich aus. Heinz und Fritz fahren zur Reparaturwerkstätte von Al-Kourayef weiter. Vor dem weiß gestrichenen Bootshaus schwimmt die Yacht des Scheichs, dahinter – klein und unscheinbar – die VENETIA CLAIRE. Wir haben sie von der Andalus-Marina hierher gebracht. Ihre Fender reiben geräuschvoll an den Planken des schwimmenden Stegs. Jet-Ski-Fahrer flitzen wie Geschwindigkeits-Weltrekordler vorbei und schicken Wasserfontänen auf das Deck.

Das kann nicht schaden, denke ich, denn vor einigen Tagen setzte starker Nordwind ein, der viel sandige Luft aus der Wüste mit sich führte. Das Deck sieht aus, als wäre es mit gelb-braunem Zucker bestreut worden. Der Wind ist mittlerweile schwächer geworden, aber die Kronen der Palmen wirken noch zerzaust und mattig-grau.

Ich mache mich daran, das Deck zu reinigen und springe dazwischen mehrmals über Bord – mit Maske, Flossen und Schnorchel – um mich abzukühlen. Die Korallenfische unter dem Boot sind mir wohl bekannt. In letzter Zeit bin ich fast täglich zwischen ihnen herumgetaucht, denn meine Sehnsucht nach den unberührten Riffen des Roten Meeres ist sehr stark geworden.

Am Boot ziehe ich den Badeanzug wieder aus und die Arbeitskleider an um mich keinen vorwurfsvollen oder neugierigen Blicken auszusetzen. Da bin ich es selbst, die auf einmal verdutzt aufblickt: Eben sind einige Ausflugsboote vorbeigefahren, in denen schwarz gekleidete Frauen saßen – von Kopf bis Fuß völlig verhüllt. Jetzt kommt auf der Wasserstraße eine kesse, junge Philippina auf einem Jet-Ski angebraust – im Bikini. Ein seltener, ungewohnter Anblick.

Allein die Tatsache, dass sie mir überhaupt auffällt, beweist, wie sehr mich mein derzeitiges Umfeld schon beeinflusst und verstört hat. Die langhaarige Schönheit könnte mir den Gegensatz zwischen lockeren, privaten und strengen, öffentlichen Sitten nicht drastischer vor Augen führen.

Auf den Privatbadeplätzen der Reichen – zu denen auch unser Bootssteg zählt – gilt die Devise: Man trägt, was gefällt – man macht, was Vergnügen bereitet! Die Devise gilt natürlich in erster Linie für die Söhne reicher Familien, denn sie sind es, die – wie mir Fritz erzählte – die familieneigenen Strandhäuser gelegentlich für ausgelassene Partys nutzen oder mit ihren Motoryachten aufs Meer hinaus fahren, meist mit einigen Asiatinnen an Bord. Wie mir scheint, sitzt die hübsche Jet-Ski-Fahrerin mit den langen, schwarzen Haaren weniger zu ihrem eigenen, sportlichen Vergnügen auf dem Jet-Ski als vielmehr zum Vergnügen anderer.

Meine Reinigungsarbeit ist längst abgeschlossen, als Heinz angefahren kommt.

„Der Motor läuft wieder", sagt er, „der Test hat diesmal geklappt. Wenn nichts dazwischen kommt, können wir morgen mit dem Wiedereinbau beginnen!"

Ich bin erleichtert. Vor vierzehn Tagen sah die Sache anders aus. Da war den Mechanikern von Al-Kourayef beim Probelauf ein schwerer Fehler unterlaufen. Man hatte vergessen, vor dem Start einen Öldruckmesser anzuschließen. So fiel es nicht auf, dass kein Öldruck vorhanden war – es fehlte nämlich eine Dichtung beim Ölansaugrohr –, und es kam, wie es kommen musste: Ein Pleuellager wurde zerrieben, zermalmt und die Kurbelwelle musste ein weiteres Mal zusammengeschliffen werden, diesmal auf die Endstufe. Das lag uns lange Zeit schwer im Magen.

Am nächsten Tag wird der Motor geliefert. Was Heinz und ich vor etwa zwei Monaten zu zweit – unter umgekehrten Vorzeichen – schaffen mussten, bewerkstelligen nun fünf Männer. Ich lasse mir das Spektakel auf der Zunge zergehen. Es läuft nach der guten, alten Fred-Feuerstein-Methode ab: Fritz befestigt den Motor mit einem Tau in der Mitte eines vier Meter langen Holzbalkens, der von den anderen geschultert wird. Das lässt ihn wie einen aus dem afrikanischen Busch geschleppten Affenkäfig aussehen.

Er landet wohlbehalten auf der Heckplattform und Heinz und Fritz bauen ihn daraufhin in vierstündiger Arbeit ein, unter Zuhilfenahme eines Flaschenzugs, den sie am Großbaum befestigen. Als am Abend erstmals seit Monaten ein lautes Brummen durch das Schiff geht und graue Rauchwölkchen am Heck aufsteigen, habe ich Saudi-Arabien bereits geistig verlassen.

Am 18. August fahren wir zurück in den Jeddah-Islamic-Port um die Ausklarierung vorzunehmen. Fritz steht am Bootssteg und winkt. Wir haben Tränen in den Augen. Zwei Monate genossen wir seine Gastfreundschaft. Er unterstützte uns, wann und wo immer er nur konnte. Heinz hat auch viel von seinem technischen Wissen profitiert. Jetzt wird uns bewusst, dass wir einen Freund verlassen.

Aber Jedda tauchte uns in ein Wechselbad von Stimmungen zwischen „himmelhoch jauchzend und zu Tode betrübt". Wir sind trotzdem gut zurechtgekommen und dankbar ein Land kennen gelernt zu haben, das sich den Reisenden normalerweise verschließt.

Keine zehn Wale

Am 19. August 1993 um halb zwei Uhr nachmittags hält Heinz die für die Ausklarierung notwendigen Papiere in Händen. Wir tuckern aus dem Hafen und schon nach einer Dreiviertelstunde ist die Stadt zu einem konturlosen Grau-in-Grau zusammengeschrumpft. Allein der hohe Kontrollturm des Jeddah-Islamic-Port mit seiner kugelförmigen, teils gläsernen, teils betonierten Kommandozentrale sticht noch markant hervor. Es bläst guter Wind aus Nordwest.

Wir haben in letzter Zeit nichts inniger herbeigesehnt als den Moment des Segelsetzens. Jetzt, da er gekommen ist, empfinden wir keine überschwengliche, närrische Freude, wir jauchzen nicht vor Übermut. Als das Boot auf Kurs gebracht ist, sind wir nur ungemein erleichtert, endlich Freiheit und Unabhängigkeit wiedergewonnen zu haben.

Heinz schaltet das GPS-Gerät ein um eine erste Positionseintragung auf der Seekarte vorzunehmen. Das Gerät, das vor wenigen Tagen noch voll funktionstüchtig war, macht keine Anstalten sinnvolle Daten auszuspucken.

Nach einer Stunde des Herumdrückens und Herumprogrammierens müssen wir zur Kenntnis nehmen, dass es kaputt ist – jetzt, da wir das einzige am Roten Meer gelegene Land verlassen haben, in dem es hätte repariert werden können. Was soll's? Nichts – kein defektes Satellitennavigationsgerät, auch keine zehn Wale – könnten uns nach Jedda zurückbringen!

Wir navigieren mit dem Kompass und dem Log allein. Schon am nächsten Tag taucht unser Ziel, Shab Rumi, im Fernglas auf – allerdings etwas nördlicher als erwartet. Unsere Rückkehr in den Sudan geht mit einem erhebenden Moment zu Ende: Wir passieren jene Stelle, an der sich der Schiffsmotor vor vier Monaten sang- und klanglos verabschiedete. Diesmal erfolgt die Riffdurchfahrt problemlos, mit einem Gefühl des Sieges, der Genugtuung.

Im heißen August haben wir die Lagune für uns allein. Keines der Tauchboote aus Port Sudan ist anwesend. Endlich können wir abschalten und zur Ruhe kommen. Es gelingt uns deshalb so gut, weil wir fähig sind die Lagune in ihrer ganzen Schönheit, Stille und Unberührtheit wahrzunehmen. Sie war auch vorher schön. Aber die letzten Monate haben uns für Einsamkeit und Stille empfänglicher gemacht. Unsere Ohren sind offener, die Augen schärfer geworden und unser Innerstes ist zum Wahrnehmen und Genießen bereit.

Mittags, wenn es am Boot zu heiß wird, flüchten wir für ein, zwei Stunden ins Wasser. Zwischen den Rümpfen ist es schattig und kühl. Wir machen uns einen Spaß daraus, immer wieder an der Ankerkette frei abzutauchen, auf fünfzehn, achtzehn Meter Tiefe. Es ist ein irres Gefühl, mit nur wenigen Kilo Blei um die Hüften inmitten eines riesigen Aquariums zu schweben – schauend, staunend.

Auf allen Ebenen des kristallklaren, blauen Raumes schwimmen große und kleine, bunte und silbrige Fische, Papageienfische, Füseliere, Drückerfische, Makrelen. Wir fühlen uns wie Fischmenschen, sind hineingewachsen in diese wunderbare Wasserwelt und Teil von ihr. Die Ankerkette ist das Verbindungsglied zur Oberfläche, unsere Nabelschnur. An ihr können wir uns festhalten und nach oben ziehen, sobald die Luft knapp wird.

Nachmittags, wenn ich im Cockpit sitze und lese, ist Heinz auf Fischjagd. Dann schaukelt weit draußen im glitzernden Wasser über der Außenriffkante unser Schlauchboot. Es ist das einzige von Menschenhand geschaffene Objekt in meinem Blickfeld. Der Rest der Landschaft ist Weite, Raum – ein harmonisches Ineinanderfließen von Farben, von Blautönen, in dem es nur zwei Bruchlinien gibt: den weiß-schäumenden Brandungsbogen am nördlichen Außenriff und den scharf gezogenen Horizont.

Nur einmal kommt Heinz ohne Fisch zurück.

„Was war denn los?", frage ich überrascht. Er lächelt verlegen.

„Ich hätte schon einen Zackenbarsch mitbringen können", meint er, „aber ich hab's nicht übers Herz gebracht, ihn zu schießen."

„Wieso, denn?"

„Er hat mir heute direkt in die Augen geschaut, ist einfach nicht weggeschwommen. Und plötzlich war da das Gefühl: Du darfst dem Fisch die Freiheit nicht nehmen! Komisch, was? Ich hab' mir nicht gesagt: Du darfst ihn nicht töten."

Ich blicke ihn an. Heinz' Gesicht präsentiert sich – zum ersten Mal seit zehn Jahren – ohne Bart. Er hat sich die struppigen, rotblonden Borsten gleich nach unserer Ankunft in Shab Rumi abrasiert. Ein symbolhafter Akt. Nun sieht er aus wie ein Clown. Seine obere Gesichtshälfte ist gebräunt, von Wind und Sonne gegerbt, die untere noch käsebleich, von Schnittwunden verunziert. Ohne Bart kann ich sein Gesicht gut lesen. Es wirkt glücklich, lebensfroh – aber ich sehe auch einen Hauch von Melancholie darauf. Saudi-Arabien hat Spuren hinterlassen, etwas hineingezeichnet, was ihn wie einen Genesenden, einen Zu-Kräften-Kommenden erscheinen lässt.

Der Himmel ist Tag für Tag wolkenlos. Nur ein einziges Mal bleibt die Sonne hinter einem schmutzigen Dunstschleier verborgen und ich kann direkt zur weißlich-matten Sonnenscheibe hinaufschauen. An diesem Tag bläst ein starker, sandmitführender Ostwind, der das Boot mit ockerfarbenem Staub bepudert. Am Nachmittag sitze ich an Deck und starre fasziniert auf einen unwirklichen Lichtkegel, den die Sonne auf die Wasseroberfläche projiziert: Es ist ein grelles Hellblau, eine glitzernde Schock- und Signalfarbe, die vor Künstlichkeit zu strotzen scheint.

Abends bereiten wir uns meist einfache, aus Fisch bestehende Speisen, die wir an Deck, vorzugsweise am Salondach, zu uns nehmen. Dort ist die Aussicht am schönsten, dort lässt sich das Rundherum mit allen Sinnen erfassen: Lagune und Meer, Wind und Wolken, die Brandung. Nach dem Mahl vollzieht sich Abend für Abend dasselbe Ritual: Wir holen Decken und Matratzen aus dem Salon, Tuchenten und Polster aus den Kojen, und tragen alles auf die Bugplattform.

Auf unserem Nachtlager ist es wie in einem riesigen Freilufttheater: Unsere Betten sind zugleich unsere Theatersitzplätze, auf denen sich die laufende Vorführung mitverfolgen lässt – mit einer Tasse Tee in der Hand und ein paar Keksen auf einem Teller. Denn auch dies gehört zu unserem Ritual. In dem Stück, das wir sehen, ist die Natur Regisseur und Hauptdarsteller zugleich. Wir sind nur Statisten, stille Beobachter, Staunende.

Suakin

Die Stadt Suakin war einst der bedeutendste afrikanische Hafen am Roten Meer. Nach der Gründung Port Sudans 1906 verlor sie an Bedeutung. Heute ist Alt-Suakin eine verfallene Geisterstadt und Schreiseeadler sind ihre letzten Bewohner. Von den alten Häusern sind nur noch die Minarette der beiden Moscheen intakt.

Wir haben Shab Rumi verlassen und sind vor der traurig-schönen Kulisse Suakins vor Anker gegangen. Die Adler erscheinen uns wie Geier, die über ihrem sterbenden Opfer kreisen. Beim Abendspaziergang durch die aus hellem Korallengestein gebaute Ruinenstadt empfinden wir es nicht anders: Wir steigen über Schutthalden und gehen vorbei an eingestürzten Dächern und gefährlich nach außen geneigten Mauern, auf denen kühn die Adlerhorste sitzen.

Über einen aufgeschütteten Damm, der die Altstadtinsel mit dem Festland verbindet, erreichen wir den bewohnten Teil Suakins. Auch dort sind die Häuser dem Verfall geweiht. Weil darin aber Menschen wohnen – wohnen müssen –, wirkt alles noch viel trostloser. Nur wenige Gebäude machen einen halbwegs akzeptablen Eindruck, zwei davon verfügen sogar über elektrisches Licht, aber nur, weil sie eigene Generatoren im Hof laufen haben.

In ihrer Not sind die meisten Stadtbewohner in eine Slumsiedlung gezogen. Die von rostigen Wellblechfetzen, Holzbrettern und Plastikplanen eingezäunten Behausungen machen einen niederschmetternden Eindruck. Zwischen den Umzäunungen stöbern Ziegen und Esel, an Stricken angebunden, nach Abfällen herum. Männer schleppen Trinkwasser zu ihren Hütten. Auf ihren Schultern ruht je ein Stock, von dem links und rechts die vollgefüllten Wasserkanister baumeln.

Der Gegensatz zwischen Suakin und Jedda, zwischen bitterer Armut und bombastischem Wohlstand, könnte nicht krasser sein. Uns steht Mitleid ins Gesicht geschrieben. Es ist uns nur recht, dass es schon dunkel ist, als wir durch die schmutzigen Gassen gehen. So werden wir nicht gleich als Ausländer erkannt.

Wir erreichen den Marktplatz. Außer Tee, Kaffee und lauwarmen Getränken gibt es dort nichts zu kaufen. Einige Männer hocken vor behelfsmäßig zusammengezimmerten, windschiefen Buden und trinken Tee. Nur der aufgegangene Mond und die mancherorts brennenden Holzfeuer sind Quellen des Lichts. Die herumhockenden gesichtslosen Gestalten erinnern mich an Bilder aus früheren Epochen der Menschheitsgeschichte.

Das wilde Aussehen der Beduinen jagt mir Respekt ein: In ihrem bauschigen Kraushaar stecken hölzerne Kämme mit langen, weit auseinander stehenden Zähnen. Ihre Gesichter erscheinen pechschwarz, nur ab und zu blitzt das Weiß ihrer Zähne und Augäpfel darin auf. Sie tragen Gürtel, in denen Dolche oder Messer mit Griffen aus Ebenholz stecken, die mit Metallplättchen verziert sind.

Mit einem Äthiopier, der gut Englisch spricht, kommen wir ins Gespräch. Er heißt Sayess. Wir setzen uns zu ihm und seinen Landsleuten

[Kamele in Suakin, Sudan]

und bestellen Tee. Sayess macht einen ruhigen, aufgeschlossenen Eindruck. Er ist ein in Moskau ausgebildeter Psychologe und arbeitet für eine französische Ärztehilfsorganisation in der kleinen Apotheke Suakins. Die in Suakin lebenden Äthiopier und Eritreaner sind allesamt Kriegsflüchtlinge und betrachten ihn als ihren Arzt.

„Wieso kehren deine Landsleute nicht einfach in ihre alte Heimat zurück", frage ich ihn, „der Krieg ist doch zu Ende?"

Er meint, das könnten sie nicht, ohne Repressalien befürchten zu müssen. Sie würden als Drückeberger betrachtet. Das Los der Geflohenen sei somit hart. Weil sie Christen seien, würden sie von den moslemischen Sudanesen unfreundlich behandelt, ja schikaniert, weil sie geflohen seien, erwarte sie auch in ihrer Heimat nichts Gutes. Und da sich nur wenige Frauen unter ihnen befänden, könnten sie kein Familienleben führen.

„There is nothing you can enjoy here!", meint er mit einer Stimme, in der keine Verbitterung, keine Verzweiflung mitschwingt, wohl aber so etwas wie geduldiges Hinnehmen und Resignation. Kein anderer Satz könnte die vorherrschende Stimmung besser einfangen als dieser. Die Äthiopier leben in erbärmlichen Verhältnissen und trotzdem hält sie die Hoffnung aufrecht, eines Tages als anerkannte Flüchtlinge nach Amerika oder Westeuropa zu gelangen. Aber: Werden an Orten wie Suakin jemals Wünsche in Erfüllung gehen?

Am nächsten Tag erledigen wir die Ausklarierungsformalitäten beim Hafenmeister und füllen unsere Wassertanks. Am Nachmittag schenken wir einem der Habenichtse ein paar Kleidungsstücke. Dann gehen wir auf den Markt und kaufen Tomaten.

In der Apotheke des Äthiopiers angekommen, stehen wir vor staubigen, großteils leeren Regalen. Nur wenige Medikamente liegen darauf, nicht unbedingt jene, die am häufigsten benötigt werden. Ich sehe unsere eigene kleine Schiffsapotheke vor mir: Sie ist besser sortiert als diese hier.

Da wir Sayess am Vortag erzählten, unser Fieberthermometer sei kaputtgegangen, versuchte er eines aufzutreiben. Im Krankenhaus Suakins wurde er fündig. Mich erfasst ein ungutes, fast beschämtes Gefühl. Sayess, der selbst nichts besitzt und in großer Armut lebt, hat uns ein medizinisches Instrument besorgt, das eine gute Bordapotheke noch besser

...bei schwachem Südwestwind segelten wir über die
fischreichen Korallenbänke der sudanesischen Suakin-Gruppe.

[Wahoo, der an der Schleppangel biss]

macht. Und in Suakin leben hunderte Menschen, denen es an der allernotwendigsten medizinischen Versorgung mangelt. Es fällt mir schwer, den Fiebermesser überhaupt zu kaufen, weil ich das Gefühl habe, als nähmen wir den armen Leuten auch noch das Wenige weg, das sie besitzen. Sayess versteht und lächelt. Er versichert uns, es gäbe mehrere Fiebermesser im Spital, es sei kein Problem.

Auf dem Weg zum Schiff bin ich sehr nachdenklich: Wir segeln weiter, Suakin bleibt, wie es ist. Müssten wir nicht irgendwie helfen?, frage ich mich. War unser Besuch schon eine kleine Hilfe? War es wichtig für Sayess, uns eine Gefälligkeit erweisen zu können? Vielleicht half es ihm, sich gleichwertig zu fühlen, seinen Stolz zu wahren. Vielleicht haben wir auch den anderen Äthiopiern ein wenig geholfen, schon allein dadurch, dass wir mit ihnen Tee tranken und ihre Probleme anhörten.

In der Falle

Alles kam so unerwartet: Bei schwachem Südwestwind segelten wir über die fischreichen Korallenbänke der sudanesischen Suakin-Gruppe. Nachmittags wollten wir unter Motor in die westliche Bucht der Insel Talla Talla Kebir einfahren. Heinz stand am Bug und hielt nach gefährlichen Korallenköpfen Ausschau. Plötzlich rief er mir zu, ich solle stoppen. Und da passierte es: Ich legte den Rückwärtsgang ein und ein furchtbares Gepoltere ging durch das Schiff. Mein Gott, der Schaft des Z-Antriebs war aus der Verankerung gebrochen und schwamm wie ein Fisch mit Schlagseite unter der Heckplattform. Nur der zum Zerreißen gedehnte Gummibalg und das Gangseil bewahrten ihn davor, im Meer zu versinken. Geistesgegenwärtig sicherten wir ihn mit einer Leine. Ich mag gar nicht daran denken, wenn er versunken wäre.

Jetzt, da der erste Schreck vorüber ist, haben wir beschlossen unter Segel in die korallenkopfübersäte Bucht einzufahren. Die Zeit drängt: Die Sonne geht unter und der Wind scheint stärker zu werden. Ich blicke zufällig südwärts und erspähe ein kleines Fischerboot, das gerade hinter dem südlichen Kap hervor kommt. Das hat der Himmel gesandt! Die sudanesischen Fischer hören unsere Rufe, kommen herbei und nehmen uns ins Schlepptau. Aber sie fahren so zielstrebig und mit schier schlafwandlerischer Sicherheit in die Bucht ein, dass wir befürchten, sie könnten uns auf das nächstbeste Riff setzen, ohne sich der Tragweite ihres Tuns bewusst zu sein.

Rasch lösen wir die Schleppleine und werfen den Anker um unser Boot zu stoppen. Er kommt an einer Stelle zum Liegen, die für Winde aus Südwesten ungeschützt ist. Die Fischer beschenken wir mit Zigaretten, dann ziehen sie sich weiter in die Bucht zurück. Es ist schon zu finster um noch eine Bestandsaufnahme des Schadens zu machen. Also legen wir uns schlafen. Die Frage, ob sich der Schaden überhaupt mit Bordmitteln reparieren lässt, bleibt vorläufig offen. Wir sind in einem Niemandsland. Die Suakingruppe umfasst etwa dreißig unbewohnte Inseln, von denen die meisten nur einige hundert Meter lang sind. Die nächste Siedlung liegt eine Segelwoche entfernt: die eritreanische Hafenstadt Massaua.

Fluss des Lebens, sprich zu mir,
wohin dein Weg mich zieht.
Kehren versperren mir die Sicht,
was kommt, das weiß ich nicht.

Irgendwann nach Mitternacht wecken uns Windgeräusche. Als wir an Deck laufen, spüren wir feine Körner im Gesicht. Ein Chamsin ist im Anzug, einer der gefürchteten Sandstürme, die die Küste des Sudans jährlich mehrmals heimsuchen. Er kommt natürlich direkt aus Südwest, aus der völlig ungeschützten Richtung. Wir verschließen sämtliche Luken und lassen nur die Eingangstür offen.

Im Morgengrauen bringen wir eilig einen zweiten Anker aus. Kurze Zeit später fegt der Sandsturm mit etwa 45 Knoten über das Boot hinweg. Am Himmel hängt ein schmutziger Schleier, die Luft ist heiß und staubgetränkt. Wir kauern im Cockpit und halten uns Tücher vor die Nasen. Unsere Kehlen sind trocken, die Haare struppig. Wir fühlen uns wie sandgestrahlt. Von Zeit zu Zeit müssen wir unsere verschmutzten Nasen schneuzen. Der feine Sand macht vor nichts halt. Auch das Schiffsinnere ist schon mit einer Staubschicht überzogen, sogar unter den Leintüchern und Matratzen bilden sich Häuflein.

Manchmal erfasst mich ein ähnliches Gefühl von Machtlosigkeit und Angst, wie vor Monaten in Shab Rumi, als der Ausläufer eines Zyklons über uns hinwegfegte. Damals war die Windstärke etwas höher und wir hatten so gut wie keine Chance, mit Motorkraft von dem knapp hinter uns liegenden Riff freizukommen. Jetzt, ohne Antrieb, haben wir überhaupt keine. Es ist unmöglich, unter Segel aus der Bucht zu kreuzen. Wir sitzen in der Falle.

Einen Steinwurf entfernt liegt das offene Fischerboot, das uns gestern abschleppte. Die Männer haben sich niedergekauert und die Enden ihrer Turbane vor ihre Gesichter gebunden. Das ist ihr einziger Schutz. Ihre offene Feuerstelle an Bord ist unbrauchbar, Teesieden oder Essenkochen unmöglich geworden. Der Sturmwind würde jedes noch so geschützte Flämmchen auf der Stelle wegpusten. Immerhin haben sie einen funktionierenden Motor, für den Fall, dass ihr Anker rutschen sollte.

Ich bin sauer auf Heinz, weil er uns das alles eingebrockt hat. Er ist es, der in Jedda bei der Montage des Z-Antriebs einen Fehler machte. Er stellte die Sperrvorrichtung am Schaft so ein, dass sie im Rückwärtsgang nicht richtig greifen konnte. Es musste so kommen. Einer der Halterungsbolzen ist außerdem im Meer versunken. In Jedda glaubte ich noch, wir hätten unsere Pechsträhne übertaucht. Jetzt weiß ich, dass ich einer trügerischen Illusion erlag: Ich bildete mir ein, dass nun, da der Motor generalüberholt worden war, keine schwerwiegenden technischen Probleme mehr auftreten würden. Nun ist wieder eines da. Sisyphos und der schwere Stein…

Zwei Tage lang sind wir dem Sandsturm und den ungehindert in die Bucht rollenden Wellen hilflos ausgeliefert. Dann nimmt der Wind langsam ab. Während ich das Schiff in einer vielstündigen Putzaktion vom Sand befreie, kann Heinz endlich mit der Reparatur der Antriebshalterung beginnen. Zum Glück findet er eine Lösung. Mit der Akkubohrmaschine kann er Löcher in die Aluminiumhalterung des Antriebs bohren, danach Gewinde schneiden und den Antrieb neu verankern. Als Ersatz für den verloren gegangenen Edelstahlbolzen nimmt er eine Schraube. Improvisation war schon immer seine Stärke. Aber mir wäre lieber, diese Dinge würden erst gar nicht passieren.

Nach drei Tagen ist es so weit: Wir montieren den Antrieb am Heck und machen einen ersten Probelauf. Er verläuft zufrieden stellend. Sisyphos' Stein ist wieder oben. Aber wie lange?

Bei den Freiheitskämpfern

Wie aus dem Nichts ist einige Seemeilen südwestlich von uns ein Boot aufgetaucht. Während der vergangenen zwei Wochen in der Suakin-Gruppe sind wir niemandem begegnet, keiner Menschenseele. Ich frage mich, wieso kommt nun, da wir die Grenze zu Eritrea erst vor wenigen Stunden übersegelten, ein Boot so zielstrebig auf uns zugefahren. Man möchte fast glauben, es hätte auf uns gelauert. Verdammt noch mal, das könnten Piraten sein!

Durch das Fernglas sehe ich mehrere dunkle Gestalten. Riki blickt mich besorgt an. Auch sie kennt die Berichte über Piratenüberfälle, die sich noch während des Krieges in diesem Gebiet ereigneten. Einmal sollen einem amerikanischen Skipper sogar beide Hände abgehackt worden sein. Das Gemeinsame dieser Überfälle war, dass sie von Schnellbooten aus durchgeführt wurden und die Piraten über Schnellfeuerwaffen verfügten.

Am Bug des herannahenden Schnellbootes steht ein junger, dunkelhäutiger Mann – aufrecht und breitbeinig. Ein Stirnband bändigt sein wildes, verfilztes Haar. Ein Patronengurt hängt von einer Schulter quer über die Brust, ein Maschinengewehr sitzt locker zwischen seinen Armen, zeigt schräg nach oben.

„Das schaut nicht gut aus!“, sage ich nervös und lege das Fernglas weg. Mein Kehlkopf geht auf und nieder, als ich schlucken muss.

„Ich hol' die Pump-Gun raus!“, sage ich hastig.

„Lass' das, Heinz, bitte!“, fleht Riki, „das könnte uns erst recht in Gefahr bringen! Bis der Deckel des Verstecks abgeschraubt ist, sind die Kerle doch längst da. Und sie sind schwer bewaffnet! Schau' dir den Vordersten doch an! Der sieht aus wie ein professioneller Kämpfer! Nein, wir müssen anders aus dieser Situation rauskommen!“

Das Schnellboot ist rasch näher gekommen. In weitem Bogen umkreist es unser Heck, etwa in fünfzig, sechzig Meter Entfernung. Wir rollen das Vorsegel weg und dümpeln dahin. Die Männer blicken neugierig-forschend zu uns herüber und mustern uns, so als wollten sie prüfen, ob sich ein Angriff lohnte.

Wir reißen uns zusammen, winken zögernd, rufen „Hello". Aber der Gruß bleibt unerwidert. Die Männer kommen näher und legen an – ohne Hast, ohne Aggressivität. Mein Herz klopft wie verrückt. Noch wissen wir nicht, was sie wollen oder wer sie sind, nur eines: Sie wirken martialisch und unberechenbar. Die sudanesischen Militärs, damals bei dem Zwischenfall in der Bucht Mersa Umbeila, flößten uns weit weniger Angst ein – vielleicht, weil sie Uniformen trugen.

Vorsichtig, unsicher beginnen wir mit ihnen zu kommunizieren. Sie machen keine Anstalten uns zu bedrohen. Langsam wächst die Gewissheit, dass es sich um eritreanische Grenzsoldaten handeln muss. Wie es scheint, waren sie allesamt Mitglieder der EPLF, der eritreanischen Volksbefreiungsfront. Ihre Bekleidung – kurze Hose, T-Shirt, Sandalen, Patronengurt, Gewehr – spricht dafür. Eritrea ist erst vor drei Monaten, am 24. Mai 1993, unabhängig geworden. So kurz nach dem eritreanisch-äthiopischen Krieg kann das Land über kein geeintes, einheitlich uniformiertes Heer verfügen.

Die Eritreaner deuten auf das flache, sandfarbene Küstengebiet im Westen. Staubig, abweisend schimmert es aus der Ferne herüber. Dort drüben sei Ras Quasar, ihre Grenzstation. Ich frage sie, ob es dort eine gute Ankermöglichkeit gäbe, denn wir sind müde, weil wir die letzten Tage auf unsicheren Riff-Ankerplätzen lagen und Nachtwache hielten. Sie nicken.

„Können wir ihnen trauen?", fragt mich Riki unsicher.

Ich überlege: Vor fünf Minuten hatte ich noch große Angst. Danach dachte ich kurz: Dass uns die Männer nicht angriffen, beweist noch nicht, dass sie nicht doch gefährlich sind. Nun bin ich so weit, auch diesen Gedanken zu verdrängen. Welchen Sinn hätte es, die Angstspirale weiter zu drehen und Ras Quasar als neue Gefahrenquelle zu betrachten? Sicherheit entsteht aus der Gegenwart, kommt von uns und von diesen Männern. Absolute Sicherheit gibt es nicht, nicht zu Hause und erst recht nicht auf dieser Reise.

Die Eritreaner fahren in ihrem Boot voraus, wir hinterdrein. Aus den vermeintlichen Piraten sind im Handumdrehen Führer, Lotsen geworden. Die Fahrt geht durch tückisches Riffgebiet. Wir müssen auf die seichten

Stellen Acht geben und sie umfahren. Nach einer Stunde fällt der Anker in eineinhalb Meter Tiefe auf sandigem Grund. Uns gegenüber die Militärstation. Ein paar Holzhütten, ein paar Hühner, Ziegen. Der Rest ist Staub, Wüste, Einöde.

Als die Sonne kraftloser wird, gehen wir an Land. Erbärmliche Hütten, verwahrloste Baracken, verrostete Maschinenteile, alte Dieselfässer. Ich denke an Suakin, wo es ähnlich trostlos aussah, und versuche nicht gehemmt oder betreten zu wirken.

Die Hütte des Kommandanten ist etwas größer als die anderen. Einige wackelige, zusammengeflickte Stühle stehen davor. Wir nehmen Platz. Der Kommandant – ein ruhiger Mann um die Vierzig – trägt eine Brille. Sie ist das einzige äußere Merkmal, das ihn von den anderen Männern unterscheidet.

In gutem Englisch erzählt er vom Krieg. Wie sie alle hungerten und nur jeden zweiten Tag aßen. Wie sie in kleinen, wendigen Booten die Kriegsschiffe der Äthiopier angriffen. Wie sie gemeinsam – Moslems und Christen, Frauen und Männer – für die Freiheit ihres Landes kämpften, manche zehn, zwanzig Jahre lang. In ihren Gesichter spiegelt sich Stolz wider, denn sie haben gesiegt.

„Aber was ist jetzt?", fragen wir.

Jetzt befinde sich das Land in einer Übergangsphase. Man dürfe sich keine Wunder erhoffen, alle müssten anpacken, zusammenhelfen, sich weiterhin kasteien, damit das ausgeblutete Land sich erholen könne. Auch Präsident Afewerki gehe mit gutem Beispiel voran, lebe bescheiden, genieße ihr vollstes Vertrauen. Auch er war Befreiungskämpfer.

„Ist mit dem Ende des Krieges nicht auch eine gewisse Leere in euer Leben getreten? Was tut ihr jetzt?", frage ich.

An der Grenze zum Sudan sei es ruhig, es gäbe keine Zwischenfälle. Ja, es sei richtig, sie seien zur Zeit zu Untätigkeit verdammt. Aber diese scheinbare Leere haben sie mit neuen Zielen, neuen Idealen aufgefüllt. Was gäbe es Wichtigeres als den Erhalt des Friedens? „Peace is the most important thing!" Der Kommandant wird nicht müde, diesen Satz zu betonen. Was er für jemanden bedeutet, der zwanzig Jahre lang kämpfte, hungerte, litt, Entbehrungen auf sich nahm, kann ich nur erahnen.

Weshalb wir uns auf eine Segelreise begeben hätten, möchte er wissen. Wir erzählen von unserem Jugendtraum und davon, dass wir das Reisen als eine Chance betrachteten dazuzulernen, den Horizont zu erweitern. Auch die negativen Entwicklungen im Westen – Konsumwahn, Umweltverschmutzung, Leistungsdenken – führen wir an. Der Kommandant versucht zu verstehen.

Am Abend kehren wir nochmals zu den Soldaten zurück. Wir haben ihnen eine Ausgabe des „National Geographic" mitgebracht, in der sich ein Artikel über den äthiopisch-eritreanischen Bürgerkrieg befindet. Niemand besitzt eine Taschenlampe, nirgends brennt Licht. Die Sterne über uns strahlen so hell, wie sie nur strahlen können, wenn keine irdische Lichtquelle diese Helligkeit trübt.

Wir entzünden unsere mitgebrachte Kerosinlampe, die Männer gruppieren sich im Kreis um uns. Mit ernsten, fast andächtigen Mienen blättern sie in dem Bericht, erkennen Dörfer, Kriegsschauplätze, Hospitäler wieder. In ihrer Muttersprache, auf Tigrinja, kommentieren sie die Fotos. Die Bilder sind ein Beweis, dass ihr Kampf im Ausland Beachtung fand. Das hatten sie nicht gewusst.

Mit seiner ruhigen Stimme klärt uns der Kommandant über die Kampfstrategie der Eritreaner auf. Es sei üblich gewesen, dass sich Männer und Frauen zusammentaten um Kämpferpärchen zu bilden. Sie standen einander in allem bei, so konnten sie sich auch stets neu motivieren, selbst in ausweglos scheinenden Situationen. Das sei der Grund, warum sie den Äthiopiern an Kampfmoral überlegen waren.

Einer der Männer verschwindet in der Dunkelheit und kehrt nach einigen Minuten mit Wasser und Essen zurück. Der Kommandant entschuldigt sich: Der Essensvorrat sei knapp, der Lastwagen aus Massaua seit Tagen überfällig. Wir nehmen ein wenig von dem gebratenen Fisch und der undefinierbaren Soße und würgen die Bissen hinunter. Das Essen schmeckt fettig und scharf.

Es ist ein eigenartiges Gefühl, denke ich, mit Soldaten beisammen zu hocken, die vor kurzem noch an der Front kämpften und Menschen töteten. Ihre Welt ist eine völlig andere. Auch sind sie wohl nie mit Touristen in Berührung gekommen. Trotzdem oder gerade deshalb reden wir ernst miteinander und ich spüre, dass es ein verbindendes Element zwischen uns gibt – etwas, das uns alle auf dieselbe Ebene stellt. Vielleicht ist es der gegenseitige Respekt oder das ehrliche Interesse aneinander.

Am nächsten Morgen schlachtet der Kommandant ein Schaf am Strand. Er vollzieht das Schlachtritual nach alttestamentarischen Geboten und tötet das Tier mit einem Messer kurz vor Sonnenaufgang. Die Männer bringen uns ein Tablett mit rohem Fleisch sowie injera, das äthiopisch-eritreanische, säuerlich schmeckende Fladenbrot. Ein großzügiges Geschenk angesichts der Tatsache, dass sie sich hauptsächlich von Wasser, Tee, Fisch und Mehl ernähren. Riki bereitet das Fleisch nach einem Rezept zu, das ihr Saada in Jedda gab. Es heißt Signi.

Nach zwei Tagen in Ras Quasar brechen wir nach Massaua auf. Das trocken-heiße Küstengebiet, an dem wir entlangsegeln, ist eine tote, stille Welt. Die auf der Seekarte eingezeichneten Dörfer existieren nicht mehr. Es gibt keine Straßen, keine funktionierenden Leuchtfeuer, einfach nichts. Der Krieg hat alle Spuren menschlicher Existenz ausradiert.

Eritrea – Land nach dem Krieg

Wir sind in der eritreanischen Hafenstadt Massaua. Die Lufttemperatur liegt bei fünfzig Grad. Ich knie auf der Heckplattform und halte das Thermometer in das Hafenwasser. Achtunddreißig Grad. Kein Wunder, denke ich, dass mein Körper seit Tagen deutliche Abwehrreaktionen gegen die extreme Hitze zeigt – vermutlich gegen die Kombination Hitze, Salzwasser, Schweiß. Meine Arme und Beine sind mit juckenden Eiterbläschen überzogen. Heinz geht es nicht viel besser.

Als ich das Thermometer beiseite legen will, ertönt ein lauter, explosionsartiger Krach. Erschrocken blicke ich hinüber auf die Stadt: Aus dem Häuserlabyrinth des Hafenviertels quillt eine riesige Staubwolke empor, wächst wie ein Pilz in den Himmel, schwebt minutenlang über den Dächern. Der heiße Seewind trägt die zersprengten Staubfetzen davon. Wir haben keine Ahnung, was passiert sein könnte.

Zum Abendessen fahren wir an Land. Auf dem Weg zum Restaurant kommen wir an der Unglücksstelle, einem eingestürzten Haus, vorbei. Die Aufräumarbeiten sind noch im Gange. Im Erdgeschoss befand sich eine Bar, die nun in Trümmern liegt. Wir sind geschockt: Gestern Abend saßen wir fröhlich zechend an einem der Tische und tranken gutes, einheimisches Bier und Whisky-Cola. Wie wir erfahren, sei glücklicherweise niemand zu Schaden gekommen.

Die Kriegsschäden in Maussaua sind beträchtlich. Die Stadt wurde von den Äthiopiern in den letzten Kriegstagen massiv unter Beschuss genommen. Es gibt praktisch kein Haus, das keine Schäden aufweist. Auch im Obergeschoss des Hafenamtes klafft ein Riesenloch. Bisher haben wir dem kaum Rechnung getragen. Von nun an blicken wir argwöhnisch nach oben. Den Arkadengang, der sich an der Hafenstraße entlangzieht, vermeiden wir, obwohl er schattig wäre. Seine Decke hat große Löcher.

Am nächsten Morgen nehmen wir den Bus nach Asmara. Das klapprige Vehikel lässt die staubtrockene Küstenebene bald hinter sich und klettert über eine steile, serpentinenartige Straße hinauf in das abessinische Hochland.

Mit jedem Höhenmeter werden die Berghänge grüner, die Hochtäler zerklüfteter. Kümmerliche Dornensträucher weichen Affenbrot-, Oliven-, Zitronen-, Guaven- und Orangenbäumen, auch meterhohe, sich oben gabelnde Kakteen wachsen auf den steilen Hängen.

Die Hütten der Bergbewohner wirken ärmlich. Rostiges Wellblech, Holzstämme, Steine, Stroh – andere Baumaterialien gibt es nicht. Eine halb verfallene Bahntrasse schlängelt sich neben der Autostraße bergwärts. Sie stammt noch aus der italienischen Kolonialzeit. Viadukte, Tunnels, Bahnstationen sind zum Teil noch gut erhalten.

Bei einer Raststation machen wir halt. Kinder bieten uns Guaven, Kaugummi, Getränke und lebende Hähne zum Kauf an. Die Fahrgäste leisten sich kleine Erfrischungen, einige bestellen sogar warme Gerichte. Nach Suakin und Ras Quasar tut dieser Anblick wohl. Die von der Regierung an die ehemaligen Kämpfer der Befreiungsarmee bezahlten 75 Birr pro Monat scheinen auszureichen, damit sich die Familien das Notwendigste leisten können.

Nach fünfstündiger Fahrzeit erreichen wir Asmara, die auf zweitausend Meter gelegene Hauptstadt Eritreas. Die Überraschung ist perfekt. Asmara ist eine blitzsaubere, durch und durch italienische Stadt: Die Häuser wirken stattlich und dem kühlen Klima angepasst, die Gehsteige sind gefegt, die Straßen von Bäumen gesäumt, in den Auslagen der Geschäfte herrscht kein Mangel an Waren, in den Vitrinen der Cafeterias locken Speiseeis und leckere Mehlspeisen. Die Stadt wirkt so unafrikanisch wie keine zuvor.

Im Hotel Legese beziehen wir Quartier. Von nun an fühlen wir uns zurückversetzt in ein Italien längst vergangener Tage: Da sehen wir altertümlich ausgestattete Friseurläden – in einem wird Heinz vom Barbier nach der Rasur mit Alaun behandelt – und Kaffeehäuser, in denen die Einrichtung noch aus der Zwischenkriegszeit stammt. Alte Männer tragen dunkle Sonntagsanzüge, die sie offenbar seit fünfzig Jahren sorgfältig pflegten.

Nicht alles ist Nostalgie in Asmara. Auch das Moderne drängt sich ins Bild. Am auffallendsten sind die jungen Eritreanerinnen in ihren schicken, modischen Kleidern. Sie ziehen die Blicke der Männer auf sich. Neben den ehemaligen Kämpfern und Kämpferinnen der EPLF wirken sie geradezu mondän. Wir wundern uns über die moderne Kleidung.

Samir, ein eritreanischer Student, den wir auf der Hauptstraße kennen lernen, erzählt, dass viele eritreanische Familien Verwandte in Amerika oder Europa hätten, die vor dem Krieg geflohen seien und regelmäßig Geld nach Hause schickten. Deshalb die modischen Kleider der Mädchen. Doch die herausgeputzten Mädchen gefielen ihm im Grunde nicht. Kritikloses Nachahmen westlichen Konsumstrebens, meint er.

Was ihn stört ist, dass die Freiheitskämpfer nun mit 75 Birr im Monat auskommen müssten, während sich unter der Zivilbevölkerung, speziell unter den Geschäftsleuten, schon wieder etwas Wohlstand zeige. Außerdem sei das Geschäftsleben auch während des Krieges irgendwie weitergegangen, weil die Äthiopier Asmara zwar besetzten, aber nichts zerstörten.

Mit Samir besuchen wir eine Tanzveranstaltung. Der Saal ähnelt einer Turnhalle. Sein einziger Schmuck sind farbige Glühbirnen. Mit westeuropäischen Tanzpalästen kann er nicht konkurrieren, aber die Stimmung der Tanzenden ist umso ausgelassener. Die eritreanische Band spielt abwechselnd westliche und traditionelle tigrinische Musik. Wir tanzen und singen bis spät nach Mitternacht mit den Einheimischen, teilen ihre große Freude über die Unabhängigkeit ihres Landes.

Nachdem wir unser GPS-Gerät zur Reparatur nach Kalifornien schickten, nehmen wir den Bus in die nordwestlich der Hauptstadt gelegene Provinzstadt Keren. Das alte Vehikel ist überladen, am Gepäckträger gackern die Hühner. Vor der Abfahrt bemüht sich der Mechaniker, die abgenutzten Schrauben des linken Hinterrades fest anzuziehen. Während der Fahrt haben wir schwere Bedenken, das Rad könnte sich jeden Augenblick selbstständig machen. Die Asphaltstraße verwandelt sich noch dazu in eine mit Schlaglöchern übersäte Sandpiste. Wir halten uns Tücher vor die Nasen um atmen zu können. Mit dreißig Stundenkilometern geht es über Stock und Stein. Der „Kamelritt" führt durch eine Landschaft wie aus biblischen Zeiten.

Jeder ebene Quadratmeter des Hochlands wird zum Anbau genutzt. Die von Ochsen gezogenen, altertümlichen Holzpflüge ritzen die trockene Erde auf. Fleißige Bauern treiben die Tiere mit Stöcken und Peitschen an und ziehen Furche um Furche in den krustigen Ackerboden. Mensch und Tier müssen sich plagen. Am Straßenrand tauchen Schaf- oder Ziegenhirten in hellen, wallenden Gewändern auf. Sie stützen sich auf ihre langen, oben gebogenen Hirtenstäbe und sehen aus wie Gestalten aus dem alten Testament. Abraham und Moses – hier stehen sie leibhaftig vor uns.

Der Krieg hat der Landschaft Wunden zugefügt. Wir sehen dahinrostende Panzer und Militärwagen auf den Feldern, Schützengräben, Bombenkrater – traurige Relikte einer schrecklichen Zeit. Viele Eritreaner sind kriegsinvalid und gehen auf Krücken.

Im Bus lernen wir Daniel kennen. Seine rechte Gesichtshälfte ist von Granatsplittern verstümmelt, sein rechtes Auge fast blind. Als er acht Jahre alt war, wurde er Schüler der Revolutionsschule. Seine Eltern und Geschwister flohen vor dem Krieg und leben heute in Deutschland. Er wurde vor kurzem im Heeresspital von Ulm behandelt. Die Erinnerungen an Deutschland treiben ihm Tränen in die Augen. Doch Eritrea ist kein Kriegsland mehr. Daniel wird nicht als Flüchtling eingestuft und hat keine Chance nach Deutschland zu gelangen.

Sein Schicksal macht uns betroffen. Er, der seinen Kopf hingehalten hat und verstümmelt worden ist, darf nicht zu seiner geflüchteten Familie, muss weiterhin in seinem Land bleiben und am Wiederaufbau mithelfen. Vielleicht wäre es besser für ihn, er hätte den Wohlstand in Deutschland nie gesehen.

Wir bleiben nur zwei Tage in Keren, dann kehren wir im Bus nach Asmara und von dort nach Massaua zurück. Als wir unser Boot an einer völlig anderen Stelle im Hafen vor Anker liegen sehen, sind wir überrascht. Wie sich herausstellt, wurde es von einem Lotsenboot verschoben, weil ein großes Frachtschiff in den Hafen kam. Gut, dass wir ein altes Schiff haben. Da fallen eine verbogene Relingstütze und ein paar Kratzer mehr nicht auf.

Die Zeit drängt. Ab November sind nur mehr ungünstige Windverhältnisse am südlichen Ausgang des Roten Meeres, Bab-el-Mandeb, zu erwarten. Wir hätten schon längst Richtung Aden aufbrechen sollen, aber das GPS-Gerät braucht vier Wochen um aus den USA zurück zu kommen.

Am 20. Oktober 1993 brechen wir zu den jemenitischen Zubair-Inseln auf. Sie und die südlicher gelegenen Zuquar- und Hanish-Inseln werden uns als Zwischenstopps auf dem Weg zum Bab-el-Mandeb dienen.

Am Ende unserer Kräfte

Es war ein anstrengender Aufstieg in der prallen Sonne. Wir stehen am Gipfel des Vulkankegels der Insel Saba und stemmen uns gegen den starken Wind, der unsere T-Shirts wie aufgeblasene Glocken um die Oberkörper flattern lässt. Wir breiten die Arme auseinander – herrlich! –, wie er die Haare zerzaust, über die schweißnasse Haut hinwegfegt, sie kühlt und trocknet.

Wir sind auf den unbewohnten Zubair-Inseln. Unser Boot liegt im Windschatten der nächstgelegenen, südlicheren Insel. Von unserem hochgelegenen Standort wirkt es so klein wie ein Stecknadelknopf. Weit draußen vor den Inseln ziehen die Frachtschiffe vorbei. Sie sind an ihren Rauchfahnen zu erkennen, nicht an ihrer Größe. Für sie sind die Inseln eine Gefahrenquelle, deshalb halten sie gebührenden Abstand.

Die südlichen Zubair-Inseln sind für Wanderungen geeignet, die nördlichen sind steil aus dem Meer aufragende Monolithen aus dunklem Lavagestein. Auf ihnen könnte niemand herumsteigen, ohne sich die Haut zu verletzen. Diese zerfurchten, zerrissenen Wände sind den Vögeln vorbehalten und so sehr mit Kot bespritzt, dass sie wie mit weißer Farbe begossen aussehen. Auch könnte man meinen, sie seien erst gestern aus glühender, tropfender Lavamasse zu fester Form erstarrt.

Tief unter uns liegt ein seichter Brackwassersee. Rosa Flamingos wandern auf Stelzenbeinen darin umher. Mit ihren kräftigen, gebogenen Schnäbeln stochern sie im Schlamm nach Nahrung. Einige Vögel fliegen mit weit nach vorne gestreckten Hälsen und weit ausgebreiteten Schwingen über den See hinweg.

Über uns kreisen ganz andere Vögel: Tölpel. Zu hunderten nisten sie auf der Insel Saba. Wir nähern uns einem Nest, in dem sich ein frisch geschlüpftes, bläulich-nacktes Küken duckt. Der Elternvogel bleibt standhaft sitzen und ist zum Äußersten bereit. Sein Mut ist bewunderswert. Seine beiden Nachbarn haben längst Reißaus genommen. In ihren Nestern sind je zwei ungeschützte Eier zurückgeblieben.

Wir steigen über die Westseite des Vulkankegels ab und fahren im Schlauchboot zum Boot zurück. Schon seit einer Woche sind wir auf den

Die Salzwasserladungen brennen wie Feuer in den Augen

[Gegenansegeln bei Starkwind]

Inseln. Doch jeden Tag hofften wir auf ein Schwächerwerden des Windes. Heute scheint es endlich so weit zu sein. Am späten Nachmittag bereiten wir alles für das Weitersegeln vor. Wir wissen sehr wohl, dass uns die schwierigste Etappe im Roten Meer bevorsteht.

Schwarz wie Kohle stehen die Vulkanberge Zubairs vor dem Abendhimmel, als wir auf das Meer hinaustuckern. Draußen bläst viel stärkerer Wind als am Ankerplatz. Auch die entgegenkommenden Wellen sind höher als vermutet. Zwei Stunden lang kämpfen wir uns vorwärts, dann reißt das Vorsegel in einer starken Bö und wir drehen um. Am darauf folgenden Tag leistet uns die nagelneue, in Jedda gekaufte Nähmaschine gute Dienste.

Drei Tage später starten wir einen neuerlichen Versuch. Wieder ist es Abend, wieder spiegelt das Meer den letzten rötlichen Schimmer des westlichen Himmels wider. Auf offener See empfängt uns ähnlich starker Wind wie beim ersten Mal. Mit extrem gerefften Segeln halten wir die Bootsgeschwindigkeit diesmal bei drei, vier Knoten. So verhindern wir, dass der Mittelteil des Kats zu hart auf den steilen, schräg entgegenkommenden Wellen aufschlägt. Aber es ist von Anfang an ein Höllenritt.

Eine Zeit lang begleiten uns Delphine. Die aufgewühlte, so bedrohlich wirkende See bereitet ihnen das allergrößte Vergnügen. Mit ihren wendigen Körpern malen sie wilde, fluoreszierende Schlangenlinien neben uns ins Wasser – flüchtige Spuren ihrer Verspieltheit, Lebendigkeit. Manchmal durchbrechen sie die Wasseroberfläche und wir bekommen ihre kräftigen Rückenflossen und biegsamen Rücken für Sekunden zu sehen, bevor sie in die Wellenberge zurücktauchen. Es tut uns wohl, diese ausdauernden, flinken Schwimmer so vergnügt zu sehen und neben uns zu wissen.

Als es hell wird, sind wir achtzehn Seemeilen nördlich der Zuquar-Inseln, unserem Etappenziel. Der Anblick der schemenhaft am Horizont aufsteigenden Inselberge gibt uns neue Kraft. Wir haben sie bitter nötig, denn der Wind hat weiter zugenommen. Die seitlich heranrollenden Brecher ergießen sich häufig über das Schiff, überspülen Vordeck, Salondach und Cockpit. Die Salzwasserladungen brennen wie Feuer in unseren Augen. Vor Nässe triefend stehen wir abwechselnd am Ruder. Der Autopilot würde das Steuern nicht mehr schaffen. Wir bemühen uns, den höchsten

Wellen mit blitzschnellem Abfallen zu begegnen um nicht über sie hinaus zu schießen.

Es sind die schlimmsten Bedingungen zum Gegenansegeln, die wir je hatten. Trotz der überkommenden Brecher halten wir uns ständig im Freien auf. Im Bootsinneren klingt nämlich jeder Schlag, jede Erschütterung so, als würde das Schiff in tausend Bestandteile zersplittern. Alles, was nicht niet- und nagelfest, fliegt für Zehntelsekunden in die Höhe und plumpst scheppernd auf die Unterlagen zurück. Im vorderen Bereich des Salons ist der Aufprall des Schiffmittelbaus auf den Wellen besonders hart. Als eines der Bücherregale in Trümmer fliegt, kann ich dem Zerstörungswerk nicht länger zusehen.

Krachend, stampfend, dagegenstemmend
kämpft sich das Boot nach vorn.
Die Segel klein, die Schot gespannt,
das Meer scheint voll von Zorn.

„Das hat doch keinen Sinn!“, rufe ich verzweifelt, „wir dürfen das Boot nicht so knüppeln! Drehen wir um!“

„Es sind doch nur mehr fünfzehn Meilen!“ beruhigt mich Heinz, „das Boot hält das bestimmt aus. Wenn wir jetzt aufgeben, schaffen wir's vielleicht nie!“

Er hat wahrscheinlich Recht. Es gab genügend Berichte, dass Yachten vor dem Bab-el-Mandeb kapitulierten.

Ich beiße die Zähne zusammen und wende das nächstbeste Dopingmittel an. Für mich sind es Bilder eines geschützten, ruhigen Ankerplatzes, die ich vor mir aufsteigen lasse – lauter herrliche, entspannende Bilder, denen ich nun nachlaufe wie der Hase der Karotte. Aber der Wind lässt nicht locker, im Gegenteil: Er scheint uns zum Zweikampf zu fordern, nur dann zum Nachlassen bereit zu sein, wenn wir die Zuquar-Inseln nach hartem Kampf erreicht haben würden oder – und das wird immer wahrscheinlicher – den Kampf aufgegeben hätten. Heinz wird zunehmend ratloser.

„Ich verstehe nicht, warum wir am Bug so tief in die Wellen eintauchen anstatt obenauf zu reiten“, schreit er mir zu.

Am Vordeck ist einiges in Unordnung geraten: Die schwere Trosse unseres Bruce-Ankers ziehen wir schon eine Weile hinter uns her, auch das zusammengefaltene, festgezurrte Schlauchboot schwappt in den überkommenden Wellen hin und her. Mit Gurten gesichert klettert Heinz nach vorne. Er kommt mit der Nachricht zurück, dass der Ankerkastendeckel ausgebrochen und der Ankerkasten mit Wasser vollgefüllt sei. Auch der Fenderstauraum sei wassergefüllt, denn der Deckel wäre aufgesprungen.

Als ich im nächsten Moment zum Heck blicke, erschrecke ich heftig: Die Ruderblätter stehen halb aus dem Wasser, desgleichen der Antrieb. Das Boot hat extreme Vorlage, weil es im vorderen Bereich viel schwerer geworden sein muss. Wie ein Blitz durchfährt es mich: Gefahr! Gefahr! Endlich werfe ich einen Blick ins Bootsinnere, dem ich seit einer Stunde fern geblieben bin. Was ich dort sehe, raubt mir augenblicklich alle Kräfte. Mein Atem stockt.

„Wasser im Boot!“, brülle ich in höchster Panik.

Mit geweiteten, entsetzten Augen starre ich auf den v-förmigen Mittelteil des Kats. Das Wasser steht darin schon dreißig, vierzig Zentimeter hoch. Bücher, Zeitschriften, Polster, Matratzen, Tauchwesten, Masken und Schnorchel schwimmen mir entgegen. Mein Gott, wir sinken! Für Sekunden kann ich nichts anderes denken als: Es ist so weit! Dann fällt mir die Rettungsinsel ein. Wir müssen in die Rettungsinsel! Was packe ich ein? Wasserflasche, Pass? Heinz reißt mich aus der Starre und stürmt ins Boot. Ich hinterdrein. Im Steuerbordrumpf schwappt das Wasser über die Bodenbretter herauf, im Backbordrumpf ist es trockener. Mein Kampfgeist kehrt mit einem Mal zurück, etwas drängt mich anzupacken und zu kämpfen. Der Drang wird übermächtig.

Wir rennen um Eimer, fangen an wie verrückt zu schöpfen, zu kübeln. Raus, nur raus mit den vielen Hundert Litern Wasser, raus ins Cockpit! Dort kann das Wasser abrinnen. Wir schöpfen, schöpfen, schöpfen. Besinnungslos. Plötzlich hält Heinz inne.

„Es hat doch keinen Sinn, zu kübeln“, schreit er atemlos, „wir müssen rauskriegen, wo das Wasser herkommt!“

Ja, natürlich, woher kommt es? Haben wir ein Leck nach außen? Diese Ungewissheit ist das Schlimmste. Heinz watet durch den Salon zum zertrümmerten Bücherschapp. Die Intuition treibt ihn dorthin. Er reißt die Bücher beiseite. Da! In der rechten unteren Ecke schießt das Wasser zweifingerdick aus dem voll gefüllten Fenderstauraum ins Bootsinnere.

Ein Hoffnungsblitz schießt durch meinen Kopf: Vielleicht doch kein Leck nach außen! Wir laufen an Deck und bringen das Boot auf Raumschotkurs, damit keine Wellen mehr überkommen können. Das Schiff liegt sofort ruhiger. Dann kübeln wir weiter, wie Roboter. Als der Mittelteil frei von Wasser ist, wechseln wir in den Steuerbordrumpf. Unermüdlich pumpen wir Wasser aus der Bilge. Aus der Bugkabine rinnt ständig neues nach. Die dort liegenden Stauräume sind bis obenhin voll, aber die Bilge wird langsam leerer. Ein Kontrollblick ergibt, dass das Wasser im Ankerkasten und Fenderstauraum durch die Lenzöffnungen abgeronnen ist. Wir scheinen die Situation im Griff zu haben.

Da erlaube ich mir, einen Augenblick mit dem Pumpen auszusetzen, innezuhalten, Atem zu holen. Meine Augen suchen jene von Heinz. Zum ersten Mal blicken wir uns voll an, nicht mit dem irren Blick von Getriebenen, Verzweifelten. Ich erschrecke zutiefst. Heinz ist bleich wie der Tod, schweißgebadet, hat blutunterlaufene Augen. Mein Gott, wie sieht er bloß aus!

Plötzlich spüre ich, wie abgekämpft ich bin. Auch Heinz ist am Ende seiner Kräfte. Schwer atmend werfen wir uns auf die Sitzflächen im Cockpit. Erst jetzt wird uns bewusst, was vorgefallen ist: Wir wären beinahe gesunken! Ja, wir hatten Todesangst! Als wir dies begreifen, das ganze Ausmaß des Erlebten, brechen wir vollends zusammen und werden von Weinkrämpfen geschüttelt.

Irgendwann verlieren sich meine Augen in der Weite des Meeres. Sie blicken ausdruckslos nach innen, nehmen nichts wahr. Dieses endlose Blau! Wie oft hat es mir Kraft gegeben, mich sanft gestimmt und inspiriert! Doch in diesen Minuten ist es mir nichts als Leere, Trübnis, Sinnlosigkeit. Es dauert lange, bis ich mein Umfeld wieder registriere. Die Wellenberge sind etwas kleiner geworden, auch die Windstärke hat abgenommen. Wie seltsam! Seit den ersten hektischen Minuten müssen Stunden vergangen sein!

Ich wische mir die Tränen vom Gesicht. Heinz hält mir die Wasserflasche entgegen. Er ist unfähig zu sprechen. Die Flüssigkeitszufuhr tut meinem Körper ungemein gut und hilft, das schreckliche Gefühl des völligen Leergesogenseins zu verringern. Mein Kopf wird klarer und füllt sich mit

Gedanken. Wieder beginne ich zu weinen. Diesmal nicht aus Verzweiflung oder Erschöpfung. Nein. Ich schluchze, weil ich unsagbar dankbar bin, dankbar und glücklich, dass der Kat noch schwimmt – unser geliebtes Boot!

Wie zum Hohn flaut der Wind fast völlig ab. Dieser böse Dämon! Er spielt mit uns, hält uns zum Narren. Seit fast zwei Wochen hofften wir auf bessere Windverhältnisse, jetzt, wo das Schiff fast gesunken wäre, wird der Wind schwächer und schwächer. Die Segel beginnen zu schlagen, die Wellen schieben noch kräftig von achtern. Um uns ein unangenehmes Schaukeln zu ersparen schalten wir den Motor ein. Wenigstens er läuft problemlos.

„Welchen Kurs sollen wir nehmen?“, fragt Heinz.

Die Frage kommt zu früh, viel zu früh. Ich stehe noch ganz im Banne des Vorgefallenen und bin außer Stande an Zukünftiges zu denken. In den vergangenen Stunden war es unwichtig, wohin wir segelten, wichtig war nur, dass wir den Wind im Rücken hatten. Jetzt sind wir etwa auf halber Strecke zwischen den Zuquar- und Zubair-Inseln. Ich schlage Heinz vor, zum alten Ankerplatz auf Zubair zurückzukehren. Dort wüssten wir wenigstens, was uns erwartet. Heinz macht keinerlei Einwände. Es fehlt ihm an Kraft, sinnvollere Alternativen vorzuschlagen.

Die Strecke zurück ist lang und trist. Die Freude, das Boot gerettet zu haben, verfliegt. Trübe, selbstkritische Gedanken schleichen sich ein. Während unserer bislang vierzehnmonatigen Reise stand die Richtigkeit unseres Tuns, die Sinnhaftigkeit unseres Weges, stets außer Frage – aller Missgeschicke und Abenteuer zum Trotz. Momente der inneren Schwäche gab es selten, denn wir versuchten stets das Positive zu betonen. Und wenn es sich zu sehr versteckte, blieb immer noch eines: heiteres Kopfschütteln, ungläubiges Staunen über die Dinge, die uns widerfuhren.

Und jetzt? War es notwendig, dass wir beinahe sinken mussten? Bei dieser Frage spüre ich Bitterkeit in mir. Die undichte Stelle im Bücherschapp – wir kannten sie seit langem. Schon bei der ersten Überfahrt hatte sie Bücher nass gemacht. Wir dichteten sie mit Silikon ab und glaubten, das würde schon reichen. Doch nun ist der Glaube an unsere Reise, unseren Traum, ja an uns selbst erschüttert. Und er ist es umso mehr, je länger wir den trüben Gedanken nachhängen, je mehr wir unser seglerisches Können und unser Verantwortungsbewusstsein in Frage stellen.

Ein Satz fällt uns wieder ein: „Sollte jemals der Tag kommen, an dem uns die Reise statt Freude Frust und statt Begeisterung Langeweile brächte, würden wir sie auf der Stelle abbrechen!“, sagten wir einmal. Langeweile! Als ob es das bisher gegeben hätte! Diese Worte waren recht jugendklug und ließen einen Punkt außer Acht: dass wir eines Tages gezwungen sein könnten unsere Reise am Tiefstpunkt abzubrechen.

Als wir nach mehreren Stunden die Zubair-Inseln erreichen, ist es stockfinstere Nacht. Alles ist düster: die Vulkanberge, das Meer, unsere Gedanken. Mit Hilfe des Echolots tasten wir uns an den alten Ankerplatz heran, tuckern langsam und vorsichtig durch eine buchstäblich schwarze Wand. Der Anker fällt mit dem Vorsatz, dass, sobald wir uns stabile Krücken gebastelt hätten um ein sicheres Weitersegeln zu gewährleisten, wir nach Massaua zurückhumpeln würden. Jawohl, nach Massaua. Der Entschluss steht fest. Auch Heinz befürwortet ihn. Er ist bereit, das Boot in Eritrea zurückzulassen und … heimzufliegen. Die Reise ist aus! Wortlos legen wir uns schlafen. Die Schlafkojen sind wenigstens trocken. Nur dort, wo das viele Wasser stand, sind noch schmutzige Lachen.

Die Wunde heilt

Heinz hat das Boot gerade rundherum abgetaucht und gründlich inspiziert.

„Sprünge, Risse, Löcher in der Außenhaut kann ich hundertprozentig ausschließen", meint er erleichtert. „Der Wassereinbruch war einzig und allein auf den wassergefüllten Fenderstauraum zurückzuführen und darauf, dass zwischen ihm und dem Salon eine Verbindung bestand – die verdammte, kleine, undichte Stelle!"

Wäre der Deckel ordentlich verschlossen gewesen, sodass er in den harten Schlägen nicht hätte aufspringen können, wäre nichts passiert. Diese Nachlässigkeit müssen wir auf unsere Kappe nehmen. Dass zugleich der Deckel des zweiten Stauraums, des Ankerkastens, ausbrach – vermutlich später, denn das Schiff brauchte ja Zeit um sich innen mit Wasser zu füllen –, war reines Pech. Aber erst die zusätzliche Gewichtszunahme – wohl fast eine halbe Tonne –, verstärkte die Vorlage des Bootes so sehr, dass wir argwöhnisch wurden.

Den ausgebrochenen und verloren geglaubten Ankerkasten-Deckel finden wir im Ankerkasten wieder. Weniger erfreulich ist, dass uns auch der Blister im Sturm verloren ging. An der Reling ist nur ein leerer, zerrissener Segelsack zurückgeblieben. Im Bootsinneren sieht es trostlos aus. Ein Großteil der Lebensmittel ist vernichtet – alles, was nicht in Konservendosen, Gläser oder Flaschen gefüllt war. Ich bin gezwungen, ganze Ladungen von Zucker, Mehl, Reis, Nudeln, Sojagranulat, Tee und Gewürzen ins Meer zu schütten, sodass nur Restbestände zurückbleiben.

Andere Gegenstände wie Bücher, Zeitschriften, Kleider, Schuhe, Matratzen, Teppiche, Decken tragen wir zum Trocknen an Deck. Die Decksfläche reicht kaum aus um alles aufzulegen oder aufzuhängen. Mit den hoffnungslos aufgeweichten Sachen mache ich kurzen Prozess. Zeitschriften und Bücher, in denen die Seiten bündelweise zusammenkleben und die Schriftbilder verwischen, schleudere ich über Bord – mit fast wollüstiger Freude. Klatsch!

Dabei kommt mir der arme Ritter Don Quijote in den Sinn, jene Geschichte, als er krank im Bett liegend miterleben muss, wie seine ge-

Die uns wildfremden Menschen teilen das wenige, was sie haben, mit uns: Sie geben uns Mehl, Zucker, Reis, Knoblauch und Tomatenmark, wortlos und wie selbstverständlich.

[Fischer auf den Zubair-Inseln, Jemen]

liebten Ritterromane auf Geheiß des Pfarrers aus dem Fenster fliegen. Quijotes Bücher landeten am Scheiterhaufen, meine treibt die Meeresströmung fort, etliche sinken auf der Stelle in die Tiefe, von Papageienfischen neugierig beäugt. Quijote bedurfte ihrer nicht mehr, auch mir können sie gestohlen bleiben, all das Wissen, die klugen Worte und fremden Gefühle! Was bedeuten sie schon im Vergleich zum Selbstempfundenem, Selbsterlebtem?

Am Abend stauen wir die feuchten Sachen ins Bootsinnere zurück. Ein Teil des Steuerbordrumpfes bleibt nass, weil ein schwer zugänglicher, mit festem Schaum ausgefüllter Stauraum mit Wasser voll gesogen ist und ein stetes Rinnsal abgibt. Heinz wartet zwei Tage, bis der Fenderstauraum wieder trocken ist. Dann laminiert er die undichte Stelle sorgfältig aus. Mit jeder abgeschlossenen Arbeit rückt Massaua in unseren Köpfen weiter fort und Bab-el-Mandeb näher.

Am dritten Tag kommen erstmals jemenitische Fischer vorbei. Sie sprechen kein Wort Englisch. Als wir ihnen mit Deuten und Gestikulieren klarmachen, was uns widerfahren ist, schwappt augenblicklich eine Welle der Hilfsbereitschaft auf uns über. Die uns wildfremden Menschen teilen das wenige, was sie haben, mit uns: Sie geben uns Mehl, Zucker, Reis, Knoblauch und Tomatenmark, wortlos und wie selbstverständlich. Der Jüngste, ein vielleicht siebenjähriger Junge, streckt mir seine Keksepackung entgegen. Ich vergehe fast vor Rührung, möchte sie nicht annehmen. Aber der Kleine bedeutet mir: Seine Kekse bleiben auf unserem Boot!

Wir haben sofort Gelegenheit uns für ihre warme Anteilnahme zu bedanken. Der Steuermann des Fischerbootes, Ali Abdallah, ist verletzt. Er hat sich die Angelschnur in das linke Handgelenk geschnitten. Die Schnittwunde ist arg verkrätzt und geht bis auf den Knochen. Das einzige Heilmittel, das Ali anwandte, war Benzin. Nicht Wundbenzin, sondern jenes, das der Außenborder des Fischerbootes benötigt.

Es tut uns gut, dem Fischer helfen zu können. Damit helfen wir im Grunde uns selbst. Ali kommt von nun an jeden Morgen und Abend zur Behandlung und lässt sich unter den neugierigen Blicken seiner Kameraden die Wunde frisch verbinden. Mit ernster, unbewegter Miene verfolgt er jeden unserer Handgriffe. Für ihn sind wir die Ärzte von Zubair.

Nach einigen Tagen wird uns ein neuer Patient vorgeführt. Der etwas dickliche Jemenite, der auf einem anderen Fischerboot arbeitet, hat ein blaues Auge und eine große Beule auf der Stirn. Er klagt außerdem über Rippenschmerzen. Unseres Erachtens nichts Tragisches. Wir schmieren eine schmerzstillende Salbe auf seine Beule. Nur eine Salbe?, scheint der Enttäuschte zu fragen. Erst als wir ihm den halben Kopf mit Verband umwickeln, ist er zufrieden. Der Verband beweist: Er ist unfähig zu arbeiten und somit krankgeschrieben.

Von nun an ist stets ein Fischerboot in unserer Nähe. Morgens, mittags und abends werden wir mit Fisch verköstigt. Die Jemeniten verstehen es, ihn köstlich zuzubereiten, meist mit einer würzigen Tomatensoße und knusprigen Brotfladen, die ebenso unverkennbar nach Fisch riechen und schmecken wie alles auf ihren Booten.

Zuquar-Reisgrammelsuppe

Ich bin heute auf die Waage gestiegen: 69 Kilogramm hat sie angezeigt. Bei der Abfahrt in Italien hatte ich 82. Der Wohlstandsspeck ist weg. Ich bin kräftiger geworden, speziell meine Unterarme. Aber das nützt uns jetzt wenig, denn wir haben seit vier Tagen nur „Wasserschmarrn mit Marmelade“ gegessen. Die Lebensmittelschapps sind fast leer. Was noch darin zu finden ist, sind großteils Gaben und Tauschobjekte von den Fischern der Zubair-Inseln. Aber Zubair haben wir vor gut einer Woche verlassen. Der dritte Vorstoß Richtung Zuquar-Inseln ist geglückt.

Bisher hat kein Fisch gebissen. Dabei wimmelt es nur so davon – vor allem bei den beiden Wracks in der Nähe unseres Ankerplatzes. Den Zackenbarschen hielten wir die mit Muschelfleisch bestückten Angelhaken direkt vors Maul! Ohne Erfolg. Beim Schleppfischen hat zweimal ein Fisch gebissen, sich aber wieder losgerissen. Da unsere Harpune seit Shab Rumi nicht einsatzfähig ist – der Pfeil ist gebrochen –, müssen wir Diät halten.

Riki kramt wieder einmal zwischen den Konservendosen, dem bisschen Reis und Zucker herum. Wie sie aus den kläglichen Vorräten etwas Schmackhaftes zubereiten soll, ist mir ein Rätsel. Auf den Zuquar-Inseln sind wir noch keiner Menschenseele begegnet, auch keinen Fischern, bei denen wir Lebensmittel hätten eintauschen können. Wehmutsvoll denke ich an die opulenten Fischmahlzeiten mit Ali Abdallah und den anderen zurück.

„Heinz, wir backen uns ein Reisbrot", ruft Riki aus der Pantry.

Mir ist alles recht, solang nur etwas Genießbares dabei herauskommt. Minuten später sitze ich schon schwitzend über der alten Kaffeemühle Marke Zassenhaus, die noch aus Großmutters Zeiten stammt, und drehe an der quietschenden Kurbel. Endlich sind meine Unterarme für was gut. Immer wieder ziehe ich die kleine Lade heraus, um die gemahlene Reismenge zu kontrollieren. Mit jedem Häufchen, das in einer größeren Schüssel landet, steigt mein Appetit.

Aus Wasser, Hefe, Salz und dem Reismehl macht Riki einen Teig. Sie lässt ihn eine Zeit lang stehen, formt daraus einen Laib und schiebt ihn in den Backofen. Schon bald macht sich köstlicher Backgeruch im Boot breit. Dann der große Augenblick: Wir öffnen das Backrohr. Doch was da herauskommt, sieht aus wie ein Haufen angebrannter Brösel. Verdammt! Dem Brot fehlte ein Bindemittel.

„Die Herstellung dieses Bröselhaufens hat mehrere Stunden gedauert. Und jetzt ... nichts", schimpft Riki.

Die Brösel schmecken nach gar nichts. Aber ich will noch nicht aufgeben. Ich nehme die Pfanne und erhitze Öl. Ich werde sie braten.

„Was kochst du jetzt?", fragt Riki schmunzelnd.

„Jetzt mach' ich Grammeln! Schau her, die Brösel saugen das Öl auf und bilden bereits kleine Klümpchen. Schön fettig werden sie schmecken."

„Der Weisheit letzter Schluss, was? Und was machst du damit? Einfach so essen?"

„Aber nein, die Grammeln kommen in eine Suppe! Zuquar-Reisgrammelsuppe werden wir sie nennen."

In den nächsten Tagen löffeln wir klare Brühe mit Reis-Grammeln. Leider zerfallen die meisten, wenn sie mit der Suppe in Berührung kommen. Kleine Fettaugen schwimmen obenauf. Aber wenn man ein bisschen nachsalzt, schmeckt sie ganz gut. Trotzdem sind wir froh, als jemenitische Fischer vorbeikommen, bei denen wir Benzin gegen Mehl, Tee und Reis, Motoröl gegen Zucker und Tomatenmark eintauschen können.

Zeitlos

Im Schlauchboot steuern wir an den langen Sandstrand der Zuquar-Insel, vermeiden es aber, zu weit östlich an Land zu gehen. Am Ende des Strandes würde uns starker Verwesungsgeruch entgegenwehen. Erst kürzlich fanden wir den Grund dafür: Es sind Dutzende tote Haie, die mit abgeschnittenen Schwanz- und Rückenflossen auf einem Haufen zusammengeworfen wurden. Die verstümmelten, verwesenden Fischkörper sind mit getrocknetem, fast schwarzem Blut überzogen. Ein grässlicher Anblick. Wir wissen nicht, warum die unbekannten Fischer die Kadaver nicht ins Meer zurückwarfen.

Wir ziehen das Schlauchboot an Land und wandern am Strand entlang. An seinem westlichen Ende geht er in felsiges, aber nicht steiles Gelände über. Wir steigen hügelauf und hügelab. An einer sandigen Stelle am Wasser stoßen wir auf das ausgedörrte Skelett einer großen Suppenschildkröte. Auf den ersten Blick scheint ihr gewölbter, grün-schwarzer Rückenpanzer noch völlig intakt zu sein. Als wir ihn aufheben, brechen die einzelnen Hornschilder voneinander ab und der Panzer zerfällt in seine Bestandteile. Nur den von der Sonne gebleichten Schädelknochen mit den großen Augenhöhlen nehmen wir als Andenken mit.

Unweit des Fundplatzes setzen wir uns nieder und blicken auf das Meer. Es bläst noch immer starker Wind aus Süd. Östlich des Kaps, hinter dem wir vor Anker liegen, ziehen endlose Reihen kurzer Hackwellen vorbei. In der Ferne sind drei Punkte im Wasser zu erkennen, drei Segelyachten. Seit Wochen haben wir keine mehr gesehen. Diese hier kämpfen sich im Konvoi an den Zuquar-Inseln vorbei. Ihre Masten wippen wild hin und her, manchmal stehen sie bedrohlich schief.

Die Crews vertrauen gänzlich auf die Kraft ihrer Schiffsmotoren. Nur eine der Yachten, die kleinste und letzte im Konvoi, hat zusätzlich die Sturmfock gesetzt. Wir verfolgen sie im Fernglas. Es ist, als hätten wir uns selbst vor Augen. Nur gut, dass wir uns bei harten Segelbedingungen nie von außen betrachten müssen.

Ich überlege: Wenn sie weiterhin so unverdrossen gegenanbolzen, werden sie das Bab-el-Mandeb in zwei, drei Tagen erreicht haben. Ich wünsche es ihnen von Herzen. Was uns betrifft, stelle ich lieber keine Prognosen. Wir haben beschlossen, das Boot keinesfalls mehr zu knüppeln, uns vielmehr Zeit zu lassen, auch wenn wir noch Tage, ja Wochen, auf günstigere Wetterbedingungen warten müssen.

Zeit. Seit wir im Roten Meer sind, hat sie an Bedeutung verloren, vor allem seit dem Wassereinbruch. Wenn der Wind nicht stürmisch ist, segeln wir weiter. Wenn es heiß ist, gehen wir schnorcheln oder tauchen. Wenn es nicht heiß ist, machen wir Landausflüge. Wie von selbst haben wir begonnen uns den Gegebenheiten der Natur anzupassen. Nur wenn wir tauchen gehen, tragen wir noch Uhren.

Zuhause war es umgekehrt. Da wurden die Gegebenheiten der Natur ignoriert, das Diktat der Zeit akzeptiert. Wir lebten in der Zeit-Welt, nun leben wir in der zeitlosen. Was uns noch mit ersterer verbindet, sind unsere Familien. In Massaua sagten wir ihnen per Telefon, dass wir in etwa drei, vier Wochen in Aden sein würden. Jetzt sind es schon zwei Monate und Aden ist fern. Sie werden sich Sorgen machen. Solange wir zeitlos leben, sollten wir keine Termine mehr nennen.

Die letzte der drei Yachten ist hinter dem Kap verschwunden. In mir kommen leise Zweifel hoch, ob wir der letzten harten Kraftprobe im Roten Meer, dem Bab-el-Mandeb, überhaupt gewachsen sind. Bei diesen Verhältnissen ist das Gegenansegeln mit unserem Katamaran äußerst schwierig.

Funduk de Luxe

Nach fast zwei Wochen auf den Zuquar-Inseln brechen wir zu den Hanish-Inseln auf. Great Hanish erreichen wir zwei Tage später – mit zerrissenem Großsegel. An ein Weitersegeln ist nicht im Entferntesten zu denken. Der Wind ist stürmischer denn je, die Temperatur kühler als sonst. Neben uns ankert ein jemenitisches Fischerboot.

Wir haben längst Freundschaft mit den sechs Jemeniten geschlossen. Sie bringen uns oft Fisch vorbei und laden uns zum gemeinsamen Fischessen ein. Auch zeigen sie uns, wie sie ihre Köderfische fangen. Dazu verwenden sie ein mit Bleikügelchen gesäumtes Wurfnetz, das sie gekonnt über die im seichten Wasser treibenden Jungfischschwärme werfen. Das bedarf einiger Übung, wie Heinz feststellen muss.

Die Fischer kommen öfters zu uns an Bord. Wir machen Musik und spaßen mit ihnen. Eine richtige Kommunikation ist aufgrund der sprachlichen Barriere kaum möglich. Die ungewöhnliche nächtliche Kälte macht ihnen zu schaffen. Ihr alter Kapitän hat sich eine Verkühlung zugezogen und leidet obendrein an einer Augenentzündung.

Da bittet er uns, ihn auf unserem Boot schlafen zu lassen. Wir zögern ein wenig – die Fischer schlafen ja auch sonst stets im Freien –, aber wir können den Wunsch des alten Mannes nicht abschlagen. Daraufhin möchten natürlich alle Fischer in den Genuss eines warmen Bettes kommen!

„Saua, saua“, sagen sie voll Eifer und legen, nach arabischer Manier, die Zeigefinger der rechten und linken Hand aneinander um die Botschaft zu unterstreichen. „Alle gemeinsam auf unserem Boot!“ Das wäre natürlich ein Spaß – für sie, nicht für uns! Wir geben ihnen sämtliche Decken, die wir an Bord haben. Nur dem kranken Kapitän und Ahmed als seinem Betreuer erlauben wir an Bord zu nächtigen. Die beiden Fischer schlafen im Salon.

Um Mitternacht liege ich unruhig träumend in meiner Koje. Da ist es mir, als würde mich eine Fliege an den Zehen kitzeln. Ich zucke mit den Beinen und werfe mich von der einen Seite auf die andere. Das Kitzeln kommt wieder. Schlaftrunken blicke ich Richtung Kojeneingang. Dort ragt ein halber Menschenkopf über den Bettrand herauf. Ein fransiges Wickeltuch sitzt darauf, groß wie ein Turban. Zwei Augen blicken mich erwartungsvoll an. Träume oder wache ich? Auf einmal fällt mir ein, wem der Kopf gehört. Sein Besitzer kauert mucksmäuschenstill am Kojenboden, mir zu Füßen – wie der treueste Wachhund der Welt. Es ist nicht der Alte – das wäre ja noch schöner – es ist Ahmed.

Ich brülle auf der Stelle los, fuchsteufelswild. Mein heftiger Wutausbruch lässt den Knienden zusammenzucken und die Flucht ergreifen. Als ich ihm in die Pantry nachlaufe, kommt Heinz aus dem anderen Rumpf herübergeschossen. Auch der Alte ist durch die Hektik an Bord aufgewacht und hat begonnen Allah um Begütigung anzuflehen.

Heinz fühlt sich hintergangen. Er kennt kein Erbarmen, packt den Wimmernden am Kragen und zerrt ihn unter wüsten Beschimpfungen ins Freie. Vor der Reling bleibt er unvermittelt stehen.

„Was tue ich, wenn der Kerl nicht schwimmen kann?", fragt er laut. Er hat ernsthaft vor, den Fünfzig-Kilo-Mann wie einen Sack ins Meer zu werfen. Das Innehalten bringt ihn auf eine andere Idee. Er schubst den Übeltäter in das am Heck schaukelnde Schlauchboot und rudert mit ihm zum Fischerboot. Dort ist schon Licht. Unser lautes Geschrei hat die Mannschaft geweckt.

„Vielleicht", schießt es mir durch den Kopf, „sitzen die Kerle dort drüben schon in Erwartung der Rückkehr ihres Helden? Dieser könnte ihnen nun das Blaue vom Himmel erzählen. Aber den Gedanken verwerfe ich rasch, aller Fischerkameradschaft und -freundschaft zum Trotz. Nein, Ahmed hat aus eigenem Antrieb gehandelt, sage ich mir.

Der alte Kapitän reißt mich aus meinen Gedanken, redet beschwichtigend auf mich ein. Ich verstehe kein Wort, was er sagt, aber es klingt wie eine Entschuldigung. Er scheint Ahmeds Verhalten aufrichtig zu missbilligen. Ich weiß: Ahmed nimmt unter den Fischern eine Art Sonderstellung ein. Er, als Einziger, hat sich bereits außerhalb des Jemen aufgehalten, als Gastarbeiter in Saudi-Arabien. Ob ihm dies die Bewunderung seiner Kollegen oder eher deren Neid und Missgunst einbrachte, kann ich nicht sagen, höchstens eines: Der Auslandsaufenthalt hat ihn möglicherweise verdorben.

Ich verspüre große Lust, auch den Alten auf sein Boot zurückzubefördern. Aber dann blicke ich forschend in sein Gesicht. Es wirkt müde und ernst. Seine entzündeten Augen tränen.

Nein, sage ich mir, der Alte kann nichts dafür, selbst wenn der ganze Vorfall ein abgekartetes Spiel gewesen sein sollte. Er sieht wirklich krank aus. Er soll seine Nacht im „funduk de luxe" (Luxusherberge) haben.

Das Tor der Tränen

Am 9. Dezember 1993 nehmen wir Kurs auf die alte jemenitische Hafenstadt Mocca. Die von uns angewandte Segelstrategie besteht darin, gar keine Segel zu setzen und nur unter Motor gegen die hohen Wellen anzukämpfen. Auf diese Weise kommen wir am gefahrlosesten vorwärts. Das Boot wird weniger stark durchgebeutelt, die Segel nehmen keinen Schaden.

Mocca erreichen wir am nächsten Vormittag, gerade noch rechtzeitig, bevor es wieder mit gewohnter Stärke zu blasen beginnt. Nach fünf Starkwindtagen im Hafen nehmen wir die letzte Etappe in Angriff – wieder ausschließlich unter Motorkraft. Wir steuern knapp unter Land. In den hohen, entgegenkommenden Wellen kommen wir nur im Schneckentempo vorwärts. Doch dem Wind ist nicht zu trauen: Er könnte jederzeit loslegen, auf acht Beaufort ansteigen und uns nach Mocca zurückblasen.

Den ganzen Tag über geben wir Acht, in keines der zahlreichen, vor der jemenitischen Küste ausgelegten Fischernetze zu geraten. Als es Nacht wird, steuern wir wegen der Netze weiter von der Küste weg. Irgendwann geht ein heftiges Gepoltere durch das Schiff und der Motor stirbt ab. Glücklicherweise gelingt es uns, das um die Schiffsschraube gewickelte Netz- und Leinenwirrwarr im Schein unserer Tauchlampen rasch zu entwirren und uns loszuschneiden.

Als es hell wird, liegt Bab-el-Mandeb, das Tor der Tränen, vor uns. Nach allem, was uns in letzter Zeit widerfahren ist, können wir nicht glauben, dass uns zu guter Letzt eine angenehme Durchfahrt beschieden sein soll. Die tückische Meerenge wird, ja sie muss, noch eine allerletzte Prüfung, eine Geduldsprobe, eine Überraschung für uns parat haben – starke Gegenströmung, Fallböen, Wellenberge.

Nichts von alledem tritt ein. Um sechs Uhr morgens tuckern wir gänzlich unspektakulär durch den südlichen Ausgang des Roten Meeres, so als ob er seinen schlechten Ruf gar nicht verdiente. Der Wind hat spürbar nachgelassen. Wir steuern am gebirgigen jemenitischen Festland entlang. Auf den Berghängen entdecken wir ein paar militärische Einrichtungen. Das Land wirkt abweisend, öd, menschenleer. Steuerbords erheben sich karge Vulkaninseln. Das im Westen liegende Küstenland Djiboutis ist auch im Fernglas nicht zu erkennen. Die Meerenge hat immerhin eine Breite von siebenundzwanzig Kilometern.

Nur dreizehn Tage fehlen, dann wären wir ein volles Jahr im Roten Meer gewesen. Keine Minute davon war langweilig. Ich fühle mich wie ein randvolles Gefäß, voll geschüttet mit Erlebnissen. Und frage mich insgeheim, wohin mit ihnen, wenn das Kommende auch noch seinen Platz finden soll?

Ich gehe in die Pantry, schneide den mit der Schleppangel gefangenen Barrakuda in Stücke und stelle einen Topf mit Curryreis auf den Herd. Als ich die Pfanne mit den Barrakudasteaks zudecke, weiß ich schon, was ich mit den Aufregungen der letzten Monate tun werde: ihnen einen Deckel aufsetzen, ihn fest andrücken, damit ja nichts überschwappt, und dann alles fein säuberlich wegstauen. Das ist das Beste, denke ich. Damit mache ich mich frei für das Neue und konserviere das Alte.

Das erste kräftige Frühstück im Golf von Aden schmeckt – so gut, wie eben ein Essen schmeckt, nachdem man etwas Schwieriges erfolgreich hinter sich gebracht hat. Wir wissen zwar, dass wir auch weiterhin mit keinem angenehmen Wind rechnen können, denn um diese Jahreszeit kommt er im Golf aus Osten. Aber er ist weniger stark als im Roten Meer. Wir sind bester Laune und fest davon überzeugt, dass uns nach der Bezwingung des Bab-el-Mandebs nichts mehr, gar nichts mehr erschüttern kann. Nach zwei Segeltagen gehen wir im öligen Hafen von Aden vor Anker.

Das Boot gleitet erstmals seit langer, langer Zeit wieder ruhig durch das Wasser.
Kein Schlagen, kein wildes Schaukeln, kein Erdulden der Situation, nur reiner Genuss.

[Unterwegs nach Kenia]

IM ZEICHEN DES STREBENS

Seit sechs Tagen kreuzen wir dem felsigen Horn Afrikas, Kap Guardafui, entgegen. Unser Ziel liegt 1.600 Seemeilen von Aden entfernt: Kenia. Die im Salon aufgehängte Zimmerpflanze schwingt unentwegt wie eine Glocke hin und her. Aber verglichen mit den Verhältnissen im Roten Meer sind die jetzigen nahezu erholsam, denn die VENETIA CLAIRE gleitet über die langen Wellen hinweg ohne aufzuschlagen. Das ständige Gegenansegeln ist zwar anstrengend, aber wir haben jeden Tag sechzig Meilen zurückgelegt. Morgen früh könnten wir das Kap runden.

Heinz steht vor dem Navigationstisch und holt ein etwa zehn Zentimeter langes, grün-beiges Plastikfischlein aus seiner Angelzeugtasche hervor. Es hat an seinem hinteren Ende anstelle der Schwanzflosse zwei knapp übereinander liegende Kränze kleiner Metallstifte ohne Widerhaken.

„Besser, wir warten, bis die Sonne untergegangen ist", meint er, „dann wirkt der fluoreszierende Köder besser!"

„Wenn er wirkt", gebe ich mich skeptisch. „Glaubst du, die lassen sich ohne Licht anlocken und noch dazu, während das Boot weitersegelt?"

„Das Wasser muss voll mit Tintenfischen sein, sonst wäre heute morgen kein toter an Deck gelegen!"

Tintenfische sind nacht- und dämmerungsaktiv und reagieren mit ihren großen, hochentwickelten Augen auf Lichtreflexe. Man fängt sie am besten in der Dunkelheit, indem man sie mit einer starken Laterne anlockt. Aber wir haben keine. Heinz wirft die Leine einfach so ins Wasser.

„Da hängt schon einer dran!", höre ich gleich darauf.

Tatsächlich! Ein Tintenfisch baumelt knapp über der Wasseroberfläche und pumpt Tinte aus seinem Tintenbeutel. Wie aus einer Wasserpistole kommt das dunkelbraune, fast schwarze Sekret herausgeschossen. Nach mehreren Entladungen ist die Tintendrüse leer gepumpt und der Fisch fast farblos. Er macht noch Pumpbewegungen und bewegt seinen Flossensaum wellenförmig. Heinz lässt ihn in den Eimer nieder.

„Das müssen wir ausnutzen!", ruft er voll Eifer. „Die scheinen wie wild zu beißen!" Er löst den Köder von den Fangarmen, indem er ihn umdreht, und lässt ihn auf der Stelle ins Wasser zurückfliegen. Schon nach kurzer Zeit beißt der nächste, dann der übernächste und danach wieder einer, ... Wir sind im Angelfieber und gebärden uns wie Kinder. Das unerwartete

Übermaß an Fisch und die enorme Leichtigkeit, mit der wir den Fang an Bord holen, versetzen uns in einen Begeisterungstaumel.

Ich bringe den vollen Eimer in die Pantry. Einen Teil der gesäuberten, geschnittenen Tintenfische schiebe ich in das Gefrierfach des Kühlschranks, den Rest brate ich mit viel Knoblauch und Öl in der Pfanne an. Nach dem Mahl übernimmt Heinz die erste Wache. Ich lege mich für drei Stunden schlafen, danach ist Wachwechsel, nach weiteren drei Stunden nochmals und dann nochmals. Als es hell wird, liegt das Horn Afrikas bereits querab. Endlich!

Lautlos, nur der Wellen Rauschen
dringt an unser Ohr,
murmelt in vertrauter Gleichsamkeit,
den wohl bekannten Chor.

Kraftvoll ziehen unsere Segel
das Boot den Wind entlang.
Sie spüren nicht des Windes Macht
und machen uns nicht bang.

Wir gehen auf Raumschotkurs und die „Glocke“ hört auf zu bimmeln. Auch die am Salontisch abgestellten Gläser verrutschen nicht mehr. Wir fliegen vor dem Nordostmonsun geradezu davon. Nur das Vorsegel bekommt seine volle Kraft zu spüren. Das Boot gleitet erstmals seit langer, langer Zeit wieder ruhig durch das Wasser. Kein Schlagen, kein wildes Schaukeln, kein Erdulden der Situation, nur reiner Genuss. Ich setze mich mit ausgestreckten Beinen und aufgestützten Armen auf das Kajütdach und spüre das Boot unter mir. Ich fühle mich wie auf einem Elefanten reitend. Mein Oberkörper zeichnet unentwegt Kreise, Spiralen und Kurven in die Luft – rhythmische, den Schiffsbewegungen angepasste Linien.

Von nun an sind auch die Nächte anders als im Roten Meer oder im Golf von Aden. Oft sitzen wir gemeinsam an Deck. Entspannt nehmen wir die Umgebung wahr: mit den Ohren, der Nase, der Haut. Harmonisch fügt sich unser kleiner Mikrokosmos in den großen ein. Wind, Wellen und Boot stehen im Einklang miteinander und erzeugen eine unentwegt variierende Hintergrundmusik, Tag für Tag, Nacht für Nacht. Manchmal erlauben wir uns sogar gleichzeitig zu schlafen.

Mit jeder Meile, die wir Kenia näher kommen, rücken unsere Rotmeer-Abenteuer weiter in den Hintergrund. Noch vor zwei Monaten wollten wir die Reise abbrechen. Aber jetzt hat die VENETIA CLAIRE Rückenwind und wir haben Aufwind. Energien und Tatendrang kehren zurück. Nach fünfzehn Monaten in heißen Wüstengegenden wartet nun eine völlig andere Welt auf uns: Ostafrika.

Erstmals haben wir Zeit über Afrika zu sprechen. Wir erinnern uns an die vor der Abfahrt geplanten Aktivitäten und erstellen eine Tabelle, die für jeden Monat des Jahres das entsprechende Klima, die Richtung der Monsunwinde und für jede Aktivität die günstigste Reisezeit in Form roter Kästchen enthält. Es wird schwierig werden, alles unter einen Hut zu bringen. Die günstigsten Zeiten für die Besteigung der Margheritaspitze und des Mount Kenias fallen mit der günstigsten Zeit zum Weitersegeln zusammen. Außerdem haben wir beschlossen noch einen Heimaturlaub einzuschieben, um „das Reisegefäß zu leeren und Platz für Neues zu schaffen."

Am 20. Januar 1994 taucht das kenianische Küstengebiet im Fernglas auf: die grünen Inseln des Kiunga-Nationalparks. Es ist schon dämmrig, als wir vor dem Hotel Peponi in Lamu vor Anker gehen. Sechzehn Tage sind wir seit Aden unterwegs gewesen, die bislang längste Zeit auf See. Wir gönnen uns einige erholsame Tage in dem moslemisch geprägten Insel-Städtchen, bevor wir nach Kilifi weitersegeln.

Der Kilifi-Creek ist eine schmale Meeresausbuchtung, ein Fjord, der sich einige Kilometer weit ins Landesinnere zieht. An seinem Ende ist er breit wie ein See. Unser Mast schlüpft leicht unter der Brücke hindurch, auf der die Küstenstraße zwischen Mombasa und Malindi verläuft. An einer der Muringleinen der kleinen Swynford-Bootswerft machen wir fest.

Nach fünfzehn Monaten in heißen Wüstengegenden wartet nun eine völlig andere Welt auf uns: Ostafrika.

[Savanne in Tsavo-Ost, Kenia]

Ein Tag in Kenia

Nach unserem dreimonatigen Heimaturlaub sind wir seit Ende Juni wieder in Kenia. Wir haben uns heute in Mombasa Fahrkarten für die Busfahrt nach Tansania gekauft. Anfang September wollen wir nach Arusha fahren um den Mount Merou und den Kilimandscharo zu besteigen.

Wir sind gerade in den Bus nach Malindi eingestiegen. Er hätte längst abfahren sollen, doch es drängen noch immer Fahrgäste zur Tür herein. Der Schaffner steht im Freien, am hinteren Ende des Busses, und tut geschäftig: Mit der Autorität eines Verkehrspolizisten winkt er befehlend zum Fenster herein, weil er offenbar der Überzeugung ist, dass die im Mittelgang zusammengepferchten Kenianer noch ein Stückchen aufrücken könnten!

„Wie denn", denke ich zornig, „siehst du nicht, dass wir schon wie die Ölsardinen aneinander kleben?"

Im Bus ist es heiß, furchtbar heiß. Ich stehe im hintersten Teil des Mittelgangs, zwischen Dutzenden vor Hitze stöhnenden Kenianern, die mich beinahe erdrücken. Aber ich ärgere mich vor allem über mich selbst: Ich hätte es den Schaffnern gleichtun sollen, die stets im letzten Moment auf das Trittbrett ihrer Busse aufspringen und während der Fahrt in halsbrecherischer Manier halb im Freien baumeln – vermutlich zum Beweis ihrer Männlichkeit. Aber es gibt nichts, das ich hätte unter Beweis stellen können. Sogar mein am Körper klebendes Kleid würde sich weigern lustvoll im Wind zu flattern.

Die auf den Bänken neben- und übereinander sitzenden Fahrgäste wischen sich die Schweißperlen mit Taschentüchern vom Kopf. Mein eigener tropft auf das kahl geschorene Haupt eines unter mir sitzenden Mannes. Ich kann nichts tun, außer versuchen gefasst zu bleiben und das aufkommende Gefühl von Klaustrophobie zu unterdrücken. Ich stelle mir vor, ich säße freiwillig in einer Sauna. So kann ich die Tatsache leichter akzeptieren, dass ein kenianischer Bus nie voll wird.

Kilifi liegt etwa sechzig Kilometer von Mombasa entfernt. Heinz ist irgendwo in dem Durcheinander aus Köpfen, Schultern und sich an Haltestangen festklammernden Händen verschwunden. Wieso, denke ich verständnislos, lassen sich die Leute solche Transporte tagtäglich gefallen? Wieso regt sich niemand über das öffentliche Verkehrswesen auf?

Endlich! Der Fahrtwind strömt durch die Fenster herein. Der Bus verlässt Mombasa. Flechtwerkhütten und Bretterbuden säumen die Straße. Die Straße führt die Küste entlang, doch der Indische Ozean ist zu weit weg, als das man ihn sehen könnte. Wir passieren Restaurants und Hotelanlagen, die den urlaubenden Weißen vorbehalten werden. Hohe Umzäunungen schirmen sie von ihrem Umfeld ab. Nach einer guten Stunde Fahrzeit erreicht der Bus die Haltestelle vor dem Restaurant Tamara's Inn in Mnarani nahe Kilifi. Ich dränge mich mühsam nach vorne und steige aus.

„Nie mehr in einen vollgestopften Malindi-Bus", sage ich kopfschüttelnd zu Heinz, „verrückt war das!"

„Wenigstens blieb uns die hämmernde Disco-Musik aus den Lautsprecherboxen erspart", antwortet er, „die magst du ja so gern. Wie ging das beim letzten Mal doch gleich? Fire in Bosnia, bum, bum – killing more people, fire in Somalia, bum, bum, killing more people, fire in ... bla, bla ...!"

Unser Weg durch das Dorf wird von „Jambo"-Rufen begleitet. Die meisten Dorfbewohner kennen uns schon, weil wir regelmäßig in ihren Läden einkaufen. Beim Fruchtsaftladen stärken wir uns mit einigen Gläsern frisch gepressten Mangosaftes, dann marschieren wir die Straße hinunter zum Strand, bis zu jener Stelle, wo früher die Fähre über den Kilifi-Creek setzte. Am gegenüber liegenden Strand ist das rostige Wrack des Fährschiffes noch zu sehen.

Wir wandern zwischen den Mangroven am Strand entlang, den malerischen Kilifi-Creek zur Rechten, bewaldete Hügel zur Linken. Bald kommen die ankernden Segelboote zum Vorschein. Die Bar der Bootswerft liegt im Freien, direkt am Strand. Darüber wölbt sich ein in traditioneller kenianischer Bauweise errichtetes Strohdach, das die an den Tischen sitzenden Gäste vor der Sonne schützt. Die Böschung hinunter zum Strand ist durch eine Mauer abgestützt, an der im Moment gearbeitet wird.

Drei Kenianerinnen aus der Umgebung marschieren im Gänsemarsch an den Tischen vorbei. Gemächlich, würdevoll, kerzengerade im Gang. Auf dem Weg zur Mauer tragen sie je eine mit Sand gefüllte Schüssel am Kopf, auf dem Rückweg eine leere. Der Sand stammt von einem Haufen hinter der weiß getünchten, strohbedeckten Küche und landet – Ladung für Ladung – in einer Grube vor dem Mauerteil, der vor einigen Wochen ausbetoniert wurde.

Mit einer Schaufel und einem Schubkarren wäre das Loch in wenigen Tagen zugeschüttet. Aber die Frauen marschieren täglich für mehrere Stunden hin und her und werden es vermutlich noch wochenlang tun. Dem Betreiber der Swynford-Bootswerft gefällt diese Art afrikanischer Arbeitsplatzsicherung.

Mit dem Schlauchboot fahren wir hinüber zu unserem Boot. Wie jeden Abend verhänge ich alle Luken und die Eingangstür mit Moskitonetzen, denn am Strand werden in Kürze tausende Moskitos herumschwirren, am Wasser zum Glück fast keine. Wir schmieren uns sorgfältig mit einem Mückenschutzmittel ein und ziehen lange Hosen und langärmelige Hemden an, bevor wir wieder an Deck kommen.

Eine Gruppe von Vögeln – es sind Abend für Abend dieselben – fliegt kreischend vom Meer landeinwärts zu ihren Schlafplätzen. Graugelbe Wolken stehen über den baumbestandenen Hügeln ringsum. Schwarz wie Tinte ragen die Schirme der höchsten Baumriesen daraus hervor. Einheimische Fischer rudern in wackeligen Einbaumbooten auf dem dunkel werdenden Wasser Richtung Kilifi-Brücke.

Kenia! – ein so wunderschönes Land, denke ich. Schade, dass wir uns bislang nicht richtig einleben konnten. Gründe gibt es genug. Einer, nicht der wesentlichste, war wohl meine Malaria, die ich bald nach unserer Rückkehr bekam und im Kilifi-Nursing-Home-Spital mit Chinininfusionen behandelt wurde. Die meisten Yachties, die monate- oder jahrelang in Kenia bleiben, haben oder hatten Malaria.

Was uns mehr bedrückt, ist, dass wir mit der Mentalität der Einheimischen nicht zurechtkommen. Ist es nur der Konflikt zwischen Arm und Reich? Hat es mit dem Tourismus zu tun, bei dem einige Weiße gut verdienen und viele Einheimische nur Dienstnehmer sind, oft genug „Beachboys“ oder Prostituierte? Oder ist die unrühmliche koloniale Vergangenheit der Weißen der Grund für die Betrügereien und Unannehmlichkeiten, mit denen wir fast täglich konfrontiert werden? Wahrscheinlich ist es eine Mischung von allem.

In den Ländern, die wir bisher besuchten, liefen die Betrüger davon, wenn wir sie ertappten. In Kenia nicht. Sie lächeln nur. Ich glaube, sie betrachten ihr Tun als einen berechtigten Ausgleich für die Untaten der Kolonialzeit. Es wird schwierig werden, Freunde wie Soheers Familie, wie Saada und Fritz, wie Sayess oder Ali Abdallah zu finden. Aber wir sind die Fremden in diesem Land. Wir haben kein Recht uns über die Kenianer zu beschweren. Wir müssen einen Weg finden irgendwie zurechtzukommen.

Am Kilimandscharo

„Du bist höhenkrank", meint Onest, der Bergführer.

Mein Atem geht schwer. Ich halte meinen Oberkörper vorne übergebeugt und stütze meine Hände auf den Schistock, der zwischen losem Bruchgestein steckt. Wieder krümme ich mich und erbreche.

Es ist zwei Uhr morgens. Vor etwas weniger als zwei Stunden sind wir bei den verfallenen Lavaturm-Hütten aufgebrochen. Seither quäle ich mich über die westliche Bresche zum Kraterrand des Kibos hoch. Wir haben eine Höhe von etwa 5.000 Metern erreicht. Die Temperatur liegt unter dem Gefrierpunkt. Meine Finger schmerzen vor Kälte. Schon dreimal musste ich pausieren, weil mich starke Übelkeit übermannte. Die unfreiwilligen Stehpausen haben auch Heinz und Onest nicht gut getan. Sie stehen frierend neben mir und kreisen unentwegt mit den Armen.

„Es ist mein verdorbener Magen", sage ich.

Ich weiß, der Satz klingt angesichts meiner Symptome lächerlich. Aber ich glaube tatsächlich nicht höhenkrank zu sein. Vor einer Woche, am 1. September, standen wir auf dem 4.565 Meter hohen Mount Merou und ich hatte keine Probleme. Nun sind wir seit vier Tagen auf der Machame-Route zum Gipfel unterwegs und mein Magen kam schon am zweiten Tag durcheinander. Das von den Trägern am Lagerfeuer gekochte Essen war meist eine eigenwillige Mischung aus Suppe, Gemüse, Fleisch und Fladenbrot. Onest kann sich nicht vorstellen, dass das Essen an meinem Zustand schuld sein könnte. Er glaubt vielmehr, dass ich dem Berg nicht gewachsen sei.

In den Ebenen Tansanias fünftausend Meter unter uns leuchten die warm-gelben Lichter einiger Siedlungen. Über uns funkelt das bläulich-kalte Licht eines klaren, kalten Nachthimmels. Vor uns liegt ein oben abgeflachter Koloss von einem Schatten, lichtlos und pechschwarz: der Kibo. Gut, dass ich den langen Weg zum Gipfel nicht sehen kann, sonst müsste ich verzweifeln.

Ich nehme einen neuen Anlauf und quäle mich wieder eine Viertelstunde lang höher. Dann schlägt die Übelkeit wieder zu.

„Es hat keinen Sinn", sage ich erschöpft, „besser, wir drehen um."

Wir haben für sechs Tage am Berg bezahlt. 400 Dollar pro Person. Der Kibo ist ein teurer Berg. Er liegt inmitten eines Nationalparks. Die Gipfelstürmer müssen eine tägliche Eintrittsgebühr bezahlen und dürfen nicht ohne Führer und Träger unterwegs sein. Das passt uns eigentlich gar nicht. Das Kehrtmachen rückt den Gipfel nun in weite Ferne.

Als wir die Barranco-Hütte nach dreistündigem Abstieg erreichen, steht ein strahlend blauer Himmel über der großen Bresche und den südlichen Gletschern. Welch ein Wetter für den Gipfelsturm, denke ich. Unter den mitleidsvollen Blicken der Träger krieche ich ins Zelt. Heinz teilt ihnen mit, dass wir ins Tal absteigen werden, sobald ich mich erholt habe.

Am nächsten Morgen geht es mir besser. Ich glaube noch immer, nur einen verdorbenen Magen gehabt zu haben. Obwohl ich geschwächt bin, schlage ich Heinz einen nochmaligen Versuch vor. Ich möchte wissen, ob ich große Höhen vertrage oder nicht. Wenn nicht, hat es keinen Sinn, noch die Margheritaspitze im Ruwenzori-Massiv und den Mount Kenia in Angriff zu nehmen. Außerdem habe ich große Lust dem Bergführer zu beweisen, dass ich nicht höhenkrank war.

Onest nutzt die Gelegenheit und lässt sich nur mit einer Extraprämie dazu bewegen, einen zweiten, zeitlich knapp bemessenen Gipfelsturm zu wagen. Schließlich steigen wir wieder zu dritt zum Arrow Glacier auf. Während der Nacht liegen wir mit voller Bekleidung im Zelt. Es hat wieder einige Grade unter Null. Ich habe Heinz' Anorak zusätzlich um die Hüften und friere nur leicht. Schlafen kann ich jedoch nicht. Um Mitternacht kochen wir uns Tee, dann marschieren wir los.

Um sechs Uhr haben wir den höchsten Punkt Afrikas erreicht,
den 5.895 Meter hohen Uhuru Peak.

[Riki am Gipfel des Kilimandscharo, Tansania]

Stunde um Stunde geht es über steile Geröllfelder aus Kieselsteinen und Schlacke hinauf zum Kraterrand. Mir ist nicht mehr übel, aber anstrengend, wahnsinnig anstrengend, ist das Höhersteigen doch. Sobald meine Erschöpfung zu groß ist, bleibe ich keuchend stehen. In den Verschnaufpausen klingt jeder meiner Atemzüge wie jene eines Tauchers, der die Luft über einen Lungenautomaten in großer Tiefe einsaugt. Ich bemühe mich ein Maximum an Sauerstoff in mich hinein zu bekommen.

Nach fünf Stunden haben wir das letzte Geröllfeld vor uns. Zwei Schritte aufwärts, einen zurück. Das Höherkommen ist eine Qual, fast schon ein Vorwärtskriechen auf allen Vieren. Alle zwanzig Schritte muss ich schwer atmend stehen bleiben und minutenlang rasten. Heinz, der sich konditionell gut fühlt, redet mir aufmunternd zu: „Du schaffst es schon. Nur noch wenige Meter!"

Um sechs Uhr haben wir den höchsten Punkt Afrikas erreicht, den 5.895 Meter hohen Uhuru Peak. Tränen der Freude rieseln über meine Wangen. Heinz nimmt mich in die Arme und klopft mir auf die Schultern. Ich bin stolz es geschafft zu haben. Doch ich musste mich schinden und an meine Leistungsgrenzen gehen.

Wir setzen uns neben den Gipfelstürmern nieder, die über die Marangu-Route hochgekommen sind. Die Sonne ist eben dabei, aus der bauschigen Wolkendecke emporzusteigen, die tief unter uns liegt. Ihr kaltes Licht trifft auf den im Westen liegenden Mount Merou. Neben ihm entsteht ein zarter, pyramidenförmiger Schatten auf den Wolken: der des Kibos. Im Südosten ist der Mawenzi zu sehen, der neben Kibo und Shira den dritten Gipfel des Kilimandscharo bildet. Die ersten Sonnenstrahlen sind eine Wohltat für unsere ausgefrorenen Wangen.

Während des Abstiegs taue ich mehr und mehr auf. Um neun Uhr vormittags, als wir das Zelt erreichen, sind Haube, Handschuhe, Schal längst verstaut. Zu Mittag sind wir wieder auf der Barranco-Hütte. Die Träger sehen mich ehrfürchtig an, als sie erfahren, dass ich am Gipfel war. Über die steile, glitschige Umbwe-Route steigen wir weiter ab. Meine Beine tragen mich kaum mehr, als wir um halb sechs Uhr abends am Parkeingang ankommen. Achtzehn Stunden sind wir ununterbrochen marschiert.

Verschmierte Brillengläser

Ich gebe das Moskitonetz zur Seite und steige aus dem Bett. Vor der alten Kommode des Hotelzimmers bleibe ich stehen. Die Bananen, die wir gestern dort ablegten, sehen unappetitlich aus.

„Waren wieder Nagetiere dran?", fragt Heinz vom Bett aus.

„Ja", antworte ich, „wunderst du dich?"

„Nein", antwortet er, „war gestern auch so. Aber ich finde unsere Absteige nicht schlecht. Das Moskitonetz hat keine Löcher."

Ich wickle mir das nicht ganz saubere Hotelhandtuch um den Oberkörper und gehe ins Badezimmer draußen am Flur. Aus den Wasserleitungen kommt kein Wasser, aber es stehen wassergefüllte Eimer bereit. Ich steige in die mit Schmutzrändern überzogene Wanne und schütte mir das Waschwasser mit einem Becher über den Kopf. Die Dusche macht mich herrlich frisch.

Seit drei Tagen sind wir im Hotel Banderini in der tansanischen Küstenstadt Tanga. Das alte Haus im Sansibarstil hat schon bessere Tage gesehen. Nur ein Zimmer ist renoviert: Es gehört dem Hotelbesitzer, einem Inder. Während wir im Erdgeschoss das Frühstück einnehmen, prasselt der Regen in dicken Tropfen auf die Straße. Ich frage den Hotelier, ob wir die bevorstehende Busfahrt von Tanga nach Mombasa nicht besser verschieben sollten.

„Aber nein!", meint er. „Nach sechs Stunden seid ihr in Mombasa. Euer Gepäck wird am Gepäckströger verstaut und so gut abgedeckt, dass es garantiert nicht nass wird."

Wir packen unsere Rucksäcke und lassen uns im Taxi zum Busbahnhof fahren. Der Bus nach Mombasa fährt pünktlich ab. Auf den ersten Kilometern ist die Küstenstraße noch asphaltiert, dann nicht mehr. Eine chinesische Baufirma ist gerade dabei sie auszubauen. Der Regen hat sie in eine Schlammpiste verwandelt. Ein hängen gebliebener Lastwagen zwingt unseren Bus schon bald zu einem riskanten Ausweichmanöver. Wir landen im Straßengraben.

Ich steige mit den Tansanierinnen aus und wate durch den braunen Sandbrei ein Stück voraus. Es regnet noch, aber nicht mehr so heftig wie zuvor. Heinz bleibt zurück und hilft den Männern beim Anschieben. Sie stecken bis zu den Waden im Schlamm. Mit vereinten Kräften bringen sie den Bus in die Fahrbahnmitte zurück. Als die Fahrgäste wieder Platz nehmen, ist er innen und außen völlig verdreckt.

Nach einigen Kilometern das gleiche Bild: Wir Frauen waten durch den Sandbrei, die Männer schieben an. Aber der Bus rutscht nur noch tiefer in den Straßengraben und droht umzukippen. Er muss mit Stangen gestützt werden. Die Straße ist nun in beiden Richtungen blockiert, die Reise unterbrochen. Es dauert eine Weile, bis ein Stau entsteht, denn es herrscht nicht viel Verkehr.

Wir stecken mitten im Busch. Einen halben Kilometer entfernt stehen ein paar strohgedeckte Lehm- und Flechtwerkhütten. Alte Frauen hocken vor den Hütten am Boden und flechten Matten oder Körbe. Junge Mütter säugen ihre Babies. Mädchen tragen ihre jüngeren Geschwister am Rücken spazieren. Es gibt nur eine einzige Hütte, wo Tee und kleine Imbisse erhältlich sind. Dort hocken sich die Businsassen zusammen.

Niemand weiß, wann es weitergehen wird. Es heißt nur: Wenn es zu regnen aufhört und die Straßen trockener sind, wird die chinesische Baufirma die Fahrzeuge wieder auf die Straße ziehen. So einfach ist das. Niemand regt sich auf. Es ist, als ob den Mitreisenden der Begriff Zeit unbekannt wäre. Welt ohne Zeit.

Wir erinnern uns an das Rote Meer. Damals galt das auch für uns. Wir mussten uns den Gegebenheiten der Natur anpassen. Den Afrikanern scheint diese Eigenschaft eigen zu sein. Vielleicht ist das einer der Gründe, warum man ihnen so viel zumuten kann, warum sie alles geduldig ertragen? Aber ich glaube, sie unterscheiden nicht zwischen Naturgegebenheiten und vom Menschen erzeugten.

Am Abend suchen sich alle Fahrgäste einen Platz zum Schlafen: den Bus, den Fußboden der Moschee, eine leere Hütte. Wir haben glücklicherweise das Zelt dabei. Die Kinder des Dorfes beäugen es mit großem Interesse. Ein kleines Mädchen mit einem Baby am Arm kommt herbei und sagt:

„Sister, coconut!"

Sie deutet mit ihrer Hand nach oben. Wir folgen ihrem Rat und platzieren das Zelt nicht direkt unter einer Palme. Ich nehme ihr pausbäckiges Geschwisterchen für ein Weile auf den Arm. Es ist bloß in ein Tuch gewickelt und trägt keine Windeln. Warmer Urin rinnt mir irgendwann über die Hände.

Am Morgen hat es zu regnen aufgehört. Die chinesischen Bauarbeiter rücken mit Planierraupen und Traktoren an und ziehen die stecken gebliebenen Fahrzeuge aus dem Straßengraben. Hunderte Wartende wohnen dem Spektakel bei. Nach dem Manöver sieht die Fahrbahn wie umgeackerter Boden aus. Die Aufbauten der Busse sind teilweise beschädigt.

Kein Fahrgast ist sauber geblieben. Am bedauernswertesten sehen die Geschäftsleute aus: Ohne Schuhe, mit hochgekrempelten Hosenbeinen, schmutzigem Hemd und einer Aktentasche unter dem Arm sitzen sie im Bus und warten auf die Abfahrt. Einer trägt eine verschmierte Brille. Ich stelle mir vor, wie er durch die verschmierten Brillengläser und die verschmierten Fensterscheiben ins Freie blickt. Was er sieht – wenn er etwas sieht –, ist ein anderer verschmierter Bus mit verschmierten Fensterscheiben, hinter denen vielleicht ein Geschäftsmann mit verschmierten Brillengläsern sitzt.

Bis Mombasa stoßen wir auf keine Schwierigkeiten mehr. Nur einmal gerät der Bus in eine Straßenkontrolle. Der Fahrer zahlt dem gemächlich daherschlendernden und am Seitenfenster stehen bleibenden Polizisten unaufgefordert einen bestimmten Schmiergeldbetrag. Dieser verschwindet unauffällig in einer zusammengefalteten Zeitung. Das ist in Kenia so üblich.

Als wir am nächsten Tag die Bootswerft in Kilifi erreichen, werden wir gleich mit einer unangenehmen Nachricht konfrontiert: Mehrere Boote seien aufgebrochen und ausgeraubt worden.

„Und unser Boot?“, frage ich nervös.

„Das hat man auch aufbrechen wollen“, meint der Barkeeper, „aber die Türverriegelung hat den Einbrechern standgehalten.“

Wir beeilen uns an Bord zu gelangen. Die Eingangstür präsentiert sich in beschädigtem Zustand und das Vorhängeschloss ist aufgebrochen. Doch wir hatten verdammtes Glück! Die Türbeschläge sind so sehr ineinander verklemmt, dass auch wir eine Viertelstunde brauchen um die Tür zu öffnen.

Bei den Giriama

Einige Tage später nimmt uns Charles, einer der Werftarbeiter, in sein Buschdorf mit. Ein Totengedenkfest für den Vater und den Bruder seiner Frau Esther findet statt. Für die Küstenbewohner, die Giriama, sind solche Feste große Feierlichkeiten, die monatelanger Vorbereitungen bedürfen. Charles hat die Feier schon vor Wochen in der Bootswerft erwähnt und uns eingeladen daran teilzunehmen.

Wir nehmen den Bus Richtung Mombasa und verlassen ihn noch vor Takaungu. Charles ist fein angezogen: weißes T-Shirt mit buntem Aufdruck, saubere Hose, sportliche Sonnenbrille.

„How many people will be there?“, frage ich ihn.

„Oh“, antwortet er, „you cannot count, so many!“

Ich stelle mir die große Menschenansammlung vor. Wir werden darin völlig untergehen. Das ist gut, denn wir werden die einzigen Weißen auf diesem Fest sein.

Charles führt uns zunächst zu seiner Shamba, zu dem landwirtschaftlich genutzten Grundstück seiner Familie. Die unter Schatten spendenden Kokospalmen stehenden Lehmhütten seiner Eltern und Verwandten bilden ein kleines Dorf. Der sandige Vorplatz ist säuberlich gefegt. Kinder spielen mit einem Holzrad. Einige Hühner laufen gackernd umher, ein Hund liegt faul in der Sonne. Charles' betagte Mutter sitzt vor ihrer mit einem runden Strohdach gedeckten Hütte. In rundgedeckten Hütten wohnten stets alte Menschen, erklärt uns Charles.

Ein Verwandter von Charles holt uns frischen Kokossaft von einer Palme, in deren Stamm Tritte gehackt wurden. Oben in der Baumkrone leert er eine Kalebasse, die an einem saftproduzierenden Trieb hängt. Dieser werde täglich frisch beschnitten, damit er Saft produziere, erklärt uns Charles. Der frische Kokossaft schmeckt süß wie Sirup. Aber mit jeder Stunde, da er vergärt, steigt sein Alkoholgehalt. Dann heißt er „Mnazi“. Mit voll gefüllten Mnazikanistern gehen wir zum Festplatz.

Auf einer nur von einzelnen Bäumen bestandenen Fläche kommen mehrere Hütten zum Vorschein. Brennholzstöße liegen am Boden verstreut, daneben brennen Feuer. Graue Rauchschwaden umnebeln die in

Die Frauen sind mit der Verarbeitung frisch geschlachteter Ziegen und Rinder beschäftigt.

[Dorf der Giriama bei Kilifi, Kenia]

bunte Tücher gehüllten Frauen. Einige haben glatt rasierte Köpfe. Das gilt als Ehrerbietung gegenüber den Verstorbenen. Die Frauen sind mit der Verarbeitung frisch geschlachteter Ziegen und Rinder beschäftigt. Die aufgebrochenen und enthäuteten Tiere liegen neben den Feuerstellen. Die nahe gelegenen Gräber der Verstorbenen sind mit dem frischen Blut der Tiere besprengt worden.

Charles' Frau Esther bringt uns ein Kürbisschälchen mit Mnazi und danach das erste Essen: Innereien in einer grünen, sehr naturnahen Soße. Einige Haare schwimmen obenauf, Steinchen liegen am Boden. Wir essen mit den Fingern. Charles' Vater und Onkel nehmen abseits Platz und essen mit großer Hingabe aus einer blauen Plastikschüssel. Als uns Charles erklärt, was sie essen, verstehe ich weshalb: Es sind Stierhoden.

Auf den Feuerstellen wird Ugali gekocht, das Hauptnahrungsmittel der Ostafrikaner: Maismehl. Esther schüttet das Mehl mit den Händen in einen mit kochend heißem Wasser gefüllten Topf und eine Helferin rührt mit einem langen Holzkochlöffel um, damit der dicke Mehlbrei nicht anbrennt. Ugali wird mit Ziegenfleisch und Soße serviert. Wir formen es zu kleinen Knödel und tunken sie in die Fleischsoße.

Mehr und mehr Menschen treffen auf dem Festgelände ein. Die Abendsonne taucht es in ein mildes, gold-gelbes Licht. Als die Sonne untergegangen ist, ertönen die ersten Trommeln. Das alte Afrika erwacht. Die Festteilnehmer bilden Kreise, innerhalb derer getanzt wird. Die Tänzer sind ältere Männer, die sich durch das Getrommel in einen tranceartigen Zustand versetzen und einen wilden Tanz vollführen. Sie springen durch die Luft, schlagen Räder, wirbeln gestenreich mit ihren Händen. Ungehalten und zornig reagieren sie, wenn die Trommler den Rhythmus verlieren. Die Umstehenden weichen dann ängstlich vor ihnen zurück.

Wir hätten nicht gedacht nur wenige Kilometer von den Luxushotels entfernt ein derartiges Fest mitzuerleben. Doch es zeigt, wie stark die Giriama noch mit ihren alten Riten verwachsen sind. Viele tragen Amulette aus Holz, die gegen Geister und Krankheiten schützen. Auch Charles hat ein Lederband mit Holzwürfeln um sein linkes Knie gebunden. Der Arzt in Mombasa hätte ihm nicht helfen können, meint er, aber das Knieband habe seine Schmerzen geheilt.

Trotzdem sich Charles immer in unserer Nähe aufhält, spüren wir die argwöhnischen Blicke der Schwarzen. Es ist ihr Fest und es wird die ganze Nacht lang dauern. Wir sind die einzigen Weißen geblieben und kommen uns wie Eindringlinge vor: Die Giriama wollen unbeobachtet bleiben, wenn sie ihr Fest feiern. Aber auch wir fühlen, dass wir nicht in der Lage wären mitzufeiern. Wir bedanken uns bei Charles und seiner ganzen Familie für ihre Gastfreundschaft und wandern im Schein unserer Taschenlampe über die Hügel zurück zur Hauptstraße.

Vier Tore zum Gipfel

Eine Gruppe halb nackter Kinder kommt lärmend die Böschung zur Bahntrasse herabgestürmt. Die kleinsten legen die Strecke auf wackeligen O-Beinchen zurück, die größeren in halsbrecherischem Lauf. Unser Zug ist die Hauptattraktion des Tages in der kleinen Station irgendwo zwischen Nakuru und Eldoret im Norden Kenias.

Ich öffne das Fenster und beuge mich hinaus. Einer der Knirpse hat mich erspäht und deutet in meine Richtung: mzungo, mzungo! (Fremde, Fremde!) Das fröhliche Lachen wird für Augenblicke leiser, kurz darauf brüllen die Kleinen von neuem los – lauter und heftiger als zuvor. Als der Zug anfährt, laufen sie ein Stück neben ihm her und ihre bei den Hütten gebliebenen, in bunte Tücher gehüllten Mütter winken mit den Händchen der Babies hinterdrein, die sie auf den Armen halten.

Es ist der 10. November 1994. Etwa einen Monat lang werden wir unser Boot in Kilifi nicht mehr sehen. Drei Reiseziele liegen vor uns: die Ruwenzori-Berge, die Virunga-Vulkane und der Mount Kenia. Jetzt sind wir auf dem Weg nach Kampala in Uganda. Wir reisen in der ersten Klasse. Heinz steht am Waschbecken unseres Abteils und wäscht sich den nackten Oberkörper mit seinem Unterhemd, das er als Waschlappen verwendet.

„Der reinste Luxus, so eine Fahrt mit der Uganda-Bahn“, meint er vergnügt.

„Hat auch 400 Dollar pro Person gekostet", antworte ich, „aber es ist schön, einfach nur zum Fenster hinaus zu schauen, den Kindern zuzuwinken und die Landschaft zieht vorbei."

Seit wir Nairobi verlassen haben, ist der Himmel regenverhangen. Aber jetzt am Ende des Tages kommt die Sonne durch. Zwischen dem Bahndamm und den dicht angrenzenden Gemüse- und Kartoffelfeldern, Kokospalmen- und Bananenbaumplantagen stehen blau-schwarze Wasserlachen. Es tropft von Bäumen und Sträuchern und das Blattwerk glitzert, als ob es mit Lack besprüht worden wäre.

Einer der Zugbediensteten marschiert am Abteil vorbei und schlägt auf ein Xylophon. Die rasch aufeinander folgenden Gongschläge sind das „Dinner-is-ready-to-be-served"- Zeichen. Wir begeben uns in den Speisewagen. Es ist keiner von den alten, feudal eingerichteten Salonwagen aus der Kolonialzeit sondern ein relativ moderner der Kenia Railways. In einer Hinsicht hat sich allerdings nichts geändert: Es sind immer noch Weiße, die an den Tischen Platz nehmen, wenn auch keine Großwildjäger oder aristokratische Plantagenbesitzer.

Während der Nacht überfahren wir die kenianisch-ugandische Grenze. In Kawolo, einem kleinen ugandischen Nest, kommt der Zug am Vormittag zum Stehen. Wir haben Zeit, die Dorfkinder von den Gangfenstern aus beim Heuschreckenfang zu beobachten. Mit Zweigen bewaffnet, die sie wie Fliegenklatschen verwenden, stürmen sie hinter den umherschwirrenden, dünnflügeligen Insekten her. Sobald sie ein Opfer erwischt haben, wird es in eine Colaflasche gesteckt, um später als Delikatesse in Öl herausgebraten zu werden.

Drei Stunden warten wir auf die Weiterfahrt. Doch die Strecke bleibt wegen einer Zugentgleisung gesperrt. Kawolo, nicht Kampala, ist die Endstation. Mit fünf anderen stecken gebliebenen Fahrgästen steigen wir in ein Taxi, das uns nach Kampala fährt. Dort nehmen wir den nächsten Bus nach Kasese am Fuße der Ruwenzori-Berge.

Zu unserer großen Überraschung erfolgt die vierhundert Kilometer lange Fahrt in den Westen Ugandas auf einer gut ausgebauten Straße. Die Landschaft ist grün, grün, grün – so weit das Auge reicht. Die grelle Äquatorsonne lässt die Mais-, Papyrus- und Zuckerrohrfelder, die Bananen-

und Orangenbaumplantagen entlang der Straße in einem intensiven, silbrig-glitzernden Grün leuchten, an dem ich mich nicht satt sehen kann.

Zwei Tage später wandern wir in fünf Stunden von Ibanda nahe Kasese auf die Nyabitaba-Hütte. Am Ende liege ich erschöpft auf einem Stein vor der Hütte und versuche ruhig zu atmen. Das Gefühl von Übelkeit und Erschöpfung, das mich auf den letzten Metern erfasste, beginnt nachzulassen. Regentropfen nieseln auf mich herab und kühlen meine Wangen. Ich müsste aufstehen um nicht nass zu werden, aber es ist so angenehm, alle Viere von sich zu strecken.

Dunkle, vor Nässe glänzende Baumriesen umschließen die Hütte. Aus den tiefer liegenden Regionen kommen die abgehackten Schreie der Colobusaffen zu uns herauf. Nebelschwaden hängen über dem Wald und versperren mir die Sicht auf die Ruwenzori-Berge. Nur im Norden, über den steilen Hängen der Portal Peaks, zeigt sich ein winziger Ausschnitt des Äquatorhimmels, ein letztes Guckloch hinaus in die normale Welt. Kurz vor der Hütte hatte ich das Gefühl, durch ein Tor aus Nebel in eine gespenstige Welt getreten zu sein.

Am nächsten Tag erwartet uns das nächste Tor: eines aus kletterrosenartigem Gestrüpp. Am Hang oberhalb des Bujuku-Flusses ist die Vegetation stellenweise so sehr verwachsen, dass wir mit geschlossenen Augen durch eine grüne Mauer preschen müssen, die sich in wilden Girlanden bis zum Boden rankt, und irgendetwas von uns bleibt immer in den Stauden hängen – die Haare, der Rucksack, die Mütze oder der Teller des Schistocks. Es ist, als ob wir „Der Kaiser schickt Soldaten aus" spielten.

Durch dichten Bambuswald geht es bergwärts, dann über glitschige, kunterbunt übereinander gewürfelte Felsbrocken und Baumwurzeln. Die Träger sind im Eilzugstempo vorausmarschiert: mit Körben und Plastiksäcken am Rücken, die sie mit Schnüren zu Rucksäcken gebunden haben und über ein breites Stirnband zusätzlich mit dem Kopf tragen. Nur Stevie, der unseren 25-Kilo-Rucksack trägt, steigt einige Meter vor uns hin und her. Locker, federnd. Seine durchtrainierten Beine stecken in schwarzen, eng anliegenden Wollstrumpfhosen, die mehrere faustgroße Löcher haben.

Je höher wir steigen, desto moosbewachsener werden die Baumriesen, desto märchenhafter wird die Landschaft. In den Sumpfwiesen oberhalb der verfallenen Nyamikuju-Hütte stehen sie dann: die ersten Riesenlobelien und Riesensenezien. Sie scheinen hierher zu gehören, nur hierher. Alles in dieser Landschaft stimmt zusammen: das sattgrüne Gras, die wundersamen Pflanzenformen, die mit Feuchtigkeit übersättigte Luft, die Nebelschleier. Begeistert fotografieren wir die rosettenähnlichen Kelche der Lobelien, in denen sich blaue Blüten verstecken. Limbali, der Bergführer, schüttelt nur den Kopf: Es kämen doch noch weit mehr...

Nach sechseinhalb Stunden erreichen wir die John-Matte-Hütte. Kaum angekommen setzt heftiger Regen ein. Der Bujuku-Fluss verwandelt sich binnen Stunden in einen reißenden Bach. Mit wildem Getöse rauscht er nahe der Hütte vorbei, schlammig-braun, und in seinen Tümpeln bildet sich weißer Schaum. Wir können die Wanderung nicht fortsetzen. Der Fluss ist unpassierbar geworden.

In den nächsten Tagen liegt die verzauberte Welt eines Regenmachers vor der Hütte. Die umliegenden Vier- und Fünftausender treten hinter den Nebelschwaden nur schemenhaft hervor. Je mehr es regnet, desto größer wird die Zahl der verästelten, weißen Linien, die die steilen, baumbestandenen Berghänge wie Adern durchziehen. Es sind Wasserfälle, die fast senkrecht von den Bergen herabstürzen und die zu Tal strömenden Bäche anschwellen lassen. Der Regenmacher will, dass diese Berge vor Nässe triefen.

Auch der moosige Waldboden hinter der Hütte ist mit Wasser voll gesogen. Er federt bei jedem Tritt wie eine Schaumgummimatratze. Ein Dschungel aus Senezien, Lobelien und bis zu acht Meter großen Erikagewächsen wuchert dort. Die zottigen, hellgrünen Flechten, die die Äste überziehen, sehen aus wie Bärte. Manchmal brechen modrige Äste oder auch ganze Bäume krachend zu Boden.

Die Träger freuen sich über die Ruhepause, denn ihr Taggeld bekommen sie auch bei Schlechtwetterpausen. Sie hocken den ganzen Tag über in einem nach allen Seiten hin offenen Verschlag unterhalb der Hütte, rauchen Zigaretten oder liegen auf den Schlafplätzen, in Decken eingehüllt und eng aneinander gereiht. Stroh, Plastiksäcke und Pappkartons dienen ihnen als Unterlage. Zweimal täglich kochen sie sich Ugali.

Völlig durchnässt und verschmutzt erreichen wir den Bujuku-See.

[Ruwenzori-Berge, Uganda]

Nach drei Tagen lassen die heftigen Regenfälle nach. Doch die Träger zeigen wenig Lust weiterzumarschieren. Der Bujuku-Fluss sei zu reißend und die Bigo-Sümpfe schwer passierbar. Wir bieten ihnen eine Gipfelprämie und sie beratschlagen am Feuer, bevor sie zum Aufbruch bereit sind. Schließlich überqueren wir den Bujuku an einer Stelle, wo das Bachbett beiderseits in eine flache Sumpfwiese ausläuft.

Eiskalt und ziemlich reißend schießt das Wasser vorbei. Auf einen Holzstock gestützt sucht sich Limbali einen Weg über die am wenigsten überspülten Steine. Er gibt uns Tipps, wo wir hinsteigen sollen, aber er ist besorgt: Schon einmal kam ein Bergsteiger bei der Flussüberquerung ums Leben.

Als wir die Bigo-Sümpfe erreichen, bleiben wir überrascht stehen. Wieder scheint ein Tor vor uns zu liegen, diesmal eines aus spiegelnden Seen. Nur einzelne Inseln aus Büschelgras, Lobelien, Senezien und anderen Sumpfgewächsen ragen aus ihnen hervor. Wir versuchen an den Rändern der Sumpfwasserseen vorwärts zu kommen. Mit einem Stock prüft Limbali vor jedem Tritt die Festigkeit des Bodens. Wir hüpfen hinter ihm von Grasbüschel zu Grasbüschel. Bis zu den Knien versinken wir manchmal im Morast und unsere Füße fühlen sich an, als hätten sie Saugnäpfe an den Sohlen.

Ein wilder Dschungel aus Riesenlobelien und Riesensenezien liegt auf dem Weg hinauf zum Bujuku-See. Ein schmaler Bach durchzieht das Gebiet. Wir queren ihn mehrmals oder waten direkt im Bachbett höher. Völlig durchnässt und verschmutzt erreichen wir den Bujuku-See. Glasklar spiegeln sich die Berghänge und der nebelverhangene Himmel darin wider. Die Gipfel ringsum sind von Nebel umhüllt. Weder der Mount Baker im Süden noch der Mount Speke im Norden sind zu sehen. Die Vegetation ist weniger üppig, die Berge schieben sich in den Vordergrund.

Wir verbringen die Nacht auf der Bujuku-Hütte am nördlichen Rand des Sees. Mit dem Gaskocher versuchen wir die feuchten Kleidungsstücke zu trocknen. Mäuse krabbeln währenddessen über den modrigen Bretterboden. Am nächsten Tag steigen wir zur Elena-Hütte auf. Kurz vor der Hütte öffnet sich ein weiteres Tor: Es führt hinein in eine Welt aus Eis und Schnee. Die Elena-Hütte liegt bereits auf 4.480 Meter Höhe.

Mit den mitgebrachten Holzkohlen macht Limbali Feuer. Danach zieht er sich die nassen Bergschuhe aus und wir beobachten den Vorgang mit einer Mischung aus Mitleid und Amüsement: Die Schuhe sind ihm viel zu groß. Vermutlich das Geschenk eines Bergsteigers. Er trägt viele Paar Socken, die alle löchrig und tropfnass sind. Die unterste rechte Socke hat vorne ein so großes Loch, dass sie wie ein Strickschlauch aussieht.

Die aus Holz erbaute Hütte hat keine Betten. Auf dem nackten Bretterboden breiten wir unsere Schlafsäcke aus. Die vom Holzkohleofen ausgehende Wärme verteilt sich nur langsam im Raum. Ich behalte Haube, Socken, Anorak und Überhose an und döse die meiste Zeit nur dahin. Ein paar Mal spüre ich, wie eine Maus mit flinken Beinchen über meinen Schlafsack hinwegkrabbelt.

Am frühen Morgen weckt uns der Piepston unseres Weckers. Es schneit und der Himmel ist nebelverhangen. Limbali schüttelt den Kopf.

„No good going to summit", meint er.

Um sieben Uhr hat das Schneegestöber aufgehört. Wir drängen zum Gipfelsturm. Wie schon bei der Flussüberquerung müssen wir Limbali erst zum Weitergehen überreden. Der Elena-Gletscher hat zu Beginn eine Steigung von vierzig Grad. Wir seilen uns an. Ich stoße die Zacken meiner Steigeisen vorsichtig in den Schnee und breche bei jedem Schritt ein. Das kostet Kraft. Heinz flucht hinter mir, weil er noch tiefer einsinkt, während Limbali, das Leichtgewicht, wie ein Wiesel vorauseilt. Keuchend erreichen wir das Stanley-Plateau, die größte zusammenhängende Eisfläche Afrikas.

Über das Plateau geht es flach bis zum Fuße der Alexandraspitze, dem zweithöchsten Gipfel des Ruwenzori-Massivs, dann führt der Weg hinab in eine Gletschersenke. Beim Abstieg in die Senke bricht die Sonne durch.

„Wahnsinn, der Himmel!", rufe ich. „Der ist ja schwärzlich-blau wie ein Nachthimmel."

Wir setzen die Gletscherbrillen auf. Die Bergspitzen rundherum sind schnee- und eisbedeckt. Nur an einigen Stellen tritt schwarzer Fels hervor, der inmitten der weißen Fläche noch schwärzer wirkt. Wolkenschleier ziehen über uns hinweg. Trotz ihrer Durchsichtigkeit zeichnen sie dunkle Felder auf die Schneedecke. Die Grate der lang gezogenen Schneewächten bilden messerscharfe Trennlinien zwischen Schatten und Licht.

Ich gehe als Letzte in der Dreierreihe und kann Heinz' Tritte nutzen. Trotzdem muss ich in dem steilen Gletscherfeld, das aus der Senke wieder aufwärts führt, alle zehn Minuten pausieren. Die dünne Höhenluft lässt mich schwer atmen. Über den Ostgrat erreichen wir nach insgesamt viereinhalb Stunden den 5.109 Meter hohen Gipfel der Margheritaspitze, den dritthöchsten Berg Afrikas. Nebelschwaden versperren uns die Sicht.

Der Regenmacher zeigt sich auch am Gipfel unerbittlich. Das letzte Tor, jenes nach oben und in die Ferne, bleibt fest verschlossen. Der Weitblick ist Fantasie: Im Süden könnten wir den Edward-See sehen, im Westen schlängelte sich der Semliki durch die dschungelbewachsenen Ebenen Zaires und im Osten breitete sich der Queen Elisabeth Nationalpark mit seinen Savannen, Seen und Kratern aus. Der Gipfel liegt haargenau an der Grenze zwischen Uganda und Zaire.

Wir sitzen im Schnee. Die Kälte sagt uns, dass wir hier nicht lange verweilen können. Der Gipfel ist nicht für den Menschen geschaffen, ebenso wenig wie alle anderen Regionen der Ruwenzoris. Sie sind den Pflanzen vorbehalten. Dreihundert Regentage pro Jahr sind selbst für die meisten Tiere zu viel. Menschen können in diesem Pflanzenmeer nur „Pflanzentaucher" sein und kurze Zeit eintauchen. Jetzt am Gipfel sind wir am tiefsten Punkt angelangt, in der Vegetationslosigkeit.

Beim Abstieg wandern wir noch einmal durch die Tore der Ruwenzoris. Nach insgesamt neun Tagen erreichen wir Ibanda. Unsere kleine Abschiedsfeier findet unter einem Dach aus Bambusstäben statt. Die Stimmung ist fröhlich und ausgelassen. Die Träger nehmen ihr Trinkgeld und ihre Extra-Gipfelprämie in Empfang und trinken reichlich Bier aus der Kiste, die wir spendieren. Ich genieße die warmen Sonnenstrahlen auf der Haut. Ohne Rucksack und mit Sandalen anstatt Bergschuhen fühle ich mich leichtfüßig und unbeschwert.

Wir fahren nach Kasese zurück. Im Hotel Saad unterziehen wir uns einer gründlichen Reinigung, die wir bitter nötig haben. Nach zwei Erholungstagen fahren wir mit den Bus nach Kabale im Süden Ugandas und von dort nach Kisoro am Fuße der Virunga-Vulkane.

Dann läuft er mit behäbigen und trotzdem athletisch wirkenden Bewegungen quer über die Lichtung …

[Berggorilla im Mgahinga-Nationalpark, Uganda]

Herrscher der Virungas

Über uns wölbt sich ein Baldachin aus dichtem Blattwerk. Nur stellenweise wird er von Lichtsprenkeln durchbrochen. Wir stehen vor mehreren, in den verwachsenen Waldboden gedrückten Mulden und Wannen. Sie markieren jene Stellen, wo die Berggorillas des Mgahinga-Nationalparks vergangene Nacht schliefen. Jedes Mitglied der Gruppe, erklärt uns der ugandische Führer, baue sich sein eigenes Nest, mit Ausnahme der Jungen: Sie schliefen bei ihren Müttern.

Es ist noch früh am Morgen. Auf ihrer Suche nach Futter können die Gorillas noch nicht weit gekommen sein. Mit zu Boden gerichteten Augen folgen die Fährtensucher den Spuren von Kot und geknickten Zweigen. Geknickte Zweige zeigen stets in Marschrichtung.

Nach unseren Ruwenzori-Erfahrungen ist das Aufwärts gehen und gelegentliche Kriechen durch Unterholz kein Problem. Außerdem haben wir Glück: Die Gorillas halten sich zufällig auf den unteren Hängen des Vulkans Sabyinyo auf. Das erspart uns einen mühsamen Aufstieg über steiles, glitschiges Gelände. Der Sabyinyo ist immerhin 3.634 Meter hoch und nicht einmal der höchste der Virunga-Vulkane im Dreiländereck Uganda-Ruanda-Zaire. Das ist der 4.507 Meter hohe Karisimbi.

Wir haben je 120 Dollar für den Eintritt in den Park bezahlt um die an die Nähe von Menschen gewöhnte Gorillagruppe in freier Wildbahn zu erleben – in Begleitung ausgebildeter Führer und Fährtensucher. Sie haben Gewehre mit und bahnen sich mit Pangas, afrikanischen Buschmessern, einen Weg durch das Bambusgehölz.

Der ugandische Führer fordert uns auf die Rucksäcke abzulegen: Die Gorillas seien in der Nähe. Ab jetzt dürfen wir nur mehr flüstern. Ich spüre, wie die Anspannung in mir wächst. Langsam und bedächtig bewegen wir uns in dem leicht ansteigendem Gelände vorwärts. Rund um uns wuchert es üppig und wir können nur wenige Meter weit blicken.

„They are there!“, flüstert uns der Führer zu und zeigt nach vorne. Ich starre angestrengt durch das Geflecht aus Blättern, Ästen und Zweigen, sehe aber nichts. Heinz hat einen besseren Standplatz entdeckt und winkt mich aufgeregt zu sich.

„Wo, wo sind sie?“, frage ich leise, mit suchenden Augen.

In der von ihm gewiesenen Richtung schimmert etwas durch die grüne Vegetationsmauer, etwas Pechschwarzes, Unbewegliches. Ich zucke zusammen. Der schwarze Fleck ist ein von Kopf bis Brust sichtbarer Gorilla. Himmel, so groß und eindrucksvoll habe ich sie mir nicht vorgestellt!

Ich kann nur die groben Umrisse des Kopfes erkennen – keine Augen, keine Stirnwülste, kein Maul. Alles ist schwarz, nur auf der ledernen Haut rund um die Nasenlöcher und dem dichten Fell rund ums Gesicht liegt ein matter Glanz. Der am Hinterhaupt herauswachsende, wulstige Höcker lässt den Kopf furchterregend aussehen.

Auf einer nahe gelegenen Lichtung kauern wir uns zwischen Sträuchern nieder und verharren still. Heinz stupst mich am Arm. Ich wende mich zu einem der Fährtensucher um, der vor einem mannshohen Strauch hockt, und traue meinen Augen nicht: Hinter dem ahnungslosen Mann schaut ein riesenhafter Geselle aus einer Öffnung im Blattwerk. Er beugt sich vor, als wollte er den vor ihm Kauernden mit seiner Sumoringer-Gestalt zu Tode erschrecken.

Plötzlich schwingt der Gorilla seinen etwa zweihundert Kilo schweren Körper aus dem Dickicht und greift nach der Schulter des Fährtensuchers. Dieser lässt sich blitzschnell zur Seite rollen – kopfüber, mit ängstlichem Gesichtsausdruck und leisem Wimmern. Respektlos und breitbeinig steigt der Silberrücken über ihn hinweg. Dann läuft er mit behäbigen und trotzdem athletisch wirkenden Bewegungen quer über die Lichtung in unsere Richtung. Oh Gott! Wenige Meter vor uns zweigt er urplötzlich ab. Kein Grunzen, kein wütendes Geschrei, kein Brusttrommeln. Nur seine eiligen Schritte sind zu vernehmen. Mit schlotternden Knien schaue ich dem durch das Gestrüpp brechenden Körper nach: überlange Arme, kurze und kräftige Beine, der Rücken breit und muskelbepackt, das Kreuz durchhängend, das Fell am Rücken silbrig.

„Jetzt weiß ich, wer in den Virungas das Sagen hat“, flüstere ich Heinz zu.

„Ich auch“, antwortet er, „ich glaub', das war der große Boss und Verteidiger der Familie. Was er bezweckte, ist geglückt. Aber aggressiv war seine Machtdemonstration nicht.“

„Jetzt, wo er weg ist, kann ich es vielleicht auch so sehen. Aber zuvor bestimmt nicht!“

Noch nie sei ein Gorilla so aus heiterem Himmel, so aus dem Nichts hinter ihm aufgetaucht, meint der Fährtensucher kopfschüttelnd. Das habe nur geschehen können, weil der Gewöhnungsprozess an den Menschen bei dieser Gorillagruppe noch nicht abgeschlossen sei.

Wir erreichen eine gut einsehbare Lichtung. Dort hockt die gesamte Gorillafamilie in friedlicher Eintracht beisammen – alle sieben Mitglieder auf einem Fleck. Das ist unwahrscheinliches Glück! Der Führer erinnert daran, dass wir nicht näher als fünf Meter an die Tiere heran gehen dürfen. Fotografieren ohne Blitzlicht sei erlaubt.

Die Gorillas agieren unglaublich menschlich. Die Erwachsenen stecken sich ununterbrochen Bambusstiele ins Maul. Ich muss unwillkürlich an eine Frau denken, die ich erst gestern am Markt von Kisoro beim Essen von Zuckerrohr beobachtete. Sie tat es mit ähnlichen Gesten, zog die Außenhaut ruckartig mit den Zähnen ab und spuckte die leer gesaugten Zuckerrohrreste aus. Aber sie verwendete ein Messer zum Spalten der Stiele. Kein Zweifel: Die Gorillas sind unsere Verwandten!

Eines der Weibchen schleudert ihre Mahlzeit verdrossen zu Boden, so als wollte sie sagen: „Jetzt hab' ich genug von dem ewig gleichen Fraß. Bambus! Pah!“

Trotzdem machen die Weibchen einen allgemein ruhigeren Eindruck als die Männchen. Zwischen den beiden Silberrücken der Gruppe herrscht spürbare Rivalität. Der jüngere fordert den älteren mehrmals zu kleineren Zweikämpfen heraus. Er ist dem alten noch unterlegen, aber dieser wird die Gruppe früher oder später verlassen und dem jüngeren den Rang abtreten müssen.

Zur Mittagszeit sucht sich jedes Familienmitglied einen Rastplatz. Einer der Gorillas schwingt sich auf einen Baum. In zwei, drei Meter Höhe knickt er ohne sichtbare Anstrengung die Wipfel der umliegenden Bambusgewächse um ein Nest zu bauen. Er bettet sich auf die abgebrochenen Äste und Zweige, gähnt ausgiebig, kratzt sich, grunzt und blickt gelangweilt umher. Das wiederholt sich in beliebiger Reihenfolge: Gähnen, Kratzen, leises Grunzen und gelangweiltes Herumschauen.

Nach einer Stunde müssen wir die Gorillas verlassen. Wir tun es schweren Herzens, aber längeres Verweilen und Beobachten ist nicht gestattet, weil es die Ansteckungsgefahr zwischen Mensch und Tier nur unnötig erhöhte. Noch ganz im Banne des Erlebten beginnen wir den Abstieg. Nach wenigen Metern hat der Dschungel das letzte Fenster zu den friedlichen Gesellen geschlossen. Nichts ist mehr zu sehen, nichts zu hören. Ich hoffe für die Tiere, dass die Vegetationsmauer einen sicheren Schutzmantel um sie breitet.

„Es hat mir leid getan, dass ich mit gar keiner großen Begeisterung zu den Gorillas aufgestiegen bin", sage ich etwas reumütig, „sie hätten mehr Vorfreude verdient!"

„Wieso, waren deine Erwartungen denn so gering?", fragt Heinz.

„Na, ich dachte nur, dass dem Gorillatrekking ja auch ein unangenehmer Beigeschmack anhaftet. Ich meine den des Konsumierens. Ich kann halt Dinge, die ich mir kaufen kann, nicht so hoch einschätzen wie andere, die nicht käuflich sind. Aber ich glaube schon, dass ein kontrollierter Zugang für Touristen noch der beste Schutz für die Tiere ist und dazu beiträgt, den Wilderern das Handwerk zu legen."

Big Mama

Nach einer Nacht im Hotel Travellers' Rest in Kisoro sind wir auf den Weg zurück nach Kabale. Die rötliche Sandpiste zwischen Kisoro und Kabale schlängelt sich durch grünes Hügelland, die „Schweiz Ugandas". In unzähligen Haarnadelkurven geht es bergauf und bergab und über Stock und Stein. Tief unter uns – von zahllosen Hügeln umgeben – schimmert das Wasser des Bunyonyi-Sees.

Wir sind mit fünfundzwanzig Ugandern auf der offenen Ladefläche eines Pritschenwagens zusammengepfercht, zwei Babies und einen Hahn nicht mitgezählt. Das ist für niemanden angenehm. Jene, die am weitesten hinten auf der Plattform hocken, leiden am meisten, weil sie bei den langen Bergauffahrten an das hintere Geländer gedrückt werden und das Gewicht der Leute vor ihnen zu spüren bekommen. Zu diesen gehören wir.

Mein Kreuz schmerzt und meine Beine sind gefühllos. Einen Arm habe ich um Heinz' Schultern geschlungen, den eines Uganders habe ich selbst um den Hals. Jeder hält sich gerade dort fest, wo es möglich ist. Auf meinen Knien ist es möglich. Drei, vier Hände stützen sich darauf. Wem sie gehören, kann ich nicht erkennen.

Heinz macht ein saures Gesicht. Das Gewicht einer korpulenten Frau lastet auf seinem rechten Fuß und bereitet ihm Schmerzen.

„Verdammt nochmal", stöhnt er, „ich muss versuchen das Bein so hinzudrehen, dass sie die Schnürhaken des Bergschuhs zu spüren bekommt!"

Er stößt mit den Schultern um sich, dreht und windet sich, als gelte es, sich aus einer Zwangsjacke zu befreien. Am Ende stellt er fest, dass die Polsterung der Frau dick genug war um auch diese Maßnahme nicht als störend zu empfinden.

„Beschissen ist das" flucht er, „bis Kabale habe ich mit Sicherheit Flossen an den Beinen".

Als auf der Gegenfahrbahn ein Reisebus mit Touristen an uns vorbeifährt, ruft Heinz: „Da, da! Die hocken im klimatisierten Bus und schauen bequem aus dem…"

„…und kommen nur mit Einheimischen in Kontakt, die vom Tourismus profitieren wollen", unterbreche ich ihn. „Wär' dir das lieber?"

„Okay! Ich werde mich in Kabale bei Big Mama schön artig bedanken. Ein einmaliges Erlebnis mit einer Einheimischen!"

Ich muss lachen.

„Ihretwegen wirst du die Fahrt dein ganzes Leben lang nicht vergessen."

In Kabale verweigert Heinz die Weiterfahrt mit dem nächsten Bus. Er will sich erst erholen. Erst am späten Nachmittag steigen wir in einen recht komfortablen Kleinbus um, der uns nach Kampala bringt. Zwei Tage später fahren wir über Busia und Nairobi weiter nach Naru Moru am Fuße des Mount Kenias.

Als wir am Fuß der Süd-Ost-Wand ankommen,
geht über der „Austrian Hut“ gerade die Sonne auf.

[Gipfelmassiv des Mount Kenias]

Umkehr am Mount Kenia

Mit Kompass, Karte und Höhenmesser sind wir während der letzten drei Tage über die Naro Moru Route auf die „Austrian Hut" marschiert – diesmal ohne Führer und ohne Träger. Der Mount Kenia ist endlich ein Berg, den wir alleine besteigen können. Mein Rucksack hatte zu Beginn dreißig Kilogramm. Seit heute ist er wesentlich leichter, denn wir ließen alle überflüssigen Ausrüstungsgegenstände im „Mackinder's Camp" zurück. Nur das Notwendigste für den Gipfelsturm haben wir heraufgetragen.

Wir fühlen uns fit und bestens akklimiatisiert. Die 9-tägige Bergtour im Ruwenzori-Massiv hat unsere Kondition gestärkt. Trotzdem steckt etwas Unsicherheit in mir: Seit Griechenland sind wir nicht mehr geklettert. Das war vor zwei Jahren. Morgen müssen wir etwa 400 Höhenmeter auf achtzehn Seillängen verteilt bewältigen, wenn wir den Gipfel erreichen wollen. Auch die Regenzeit ist jetzt, Anfang Dezember, noch nicht zu Ende.

Es ist Nacht geworden. Im Schein der Taschenlampe lege ich die Ausrüstung zurecht. Riki geht noch einmal vor die Hütte um nach dem Wetter zu schauen. Es sei kalt und sternenklar, der Wind komme aus Ost. Wir trinken noch einige Schlucke heißen Tee, dann kriechen wir in unsere Schlafsäcke.

Der piepsende Ton unseres Reiseweckers weckt uns um vier Uhr früh. Die Nacht war kalt. Selbst in unseren Daunenschlafsäcken, eng aneinander geschmiegt, entstand keine wohlige Wärme. Während Riki noch liegen bleibt, nehme ich das Wasser aus unseren Thermosflaschen und erhitze es mit dem Gaskocher. Eineinhalb Liter soll jeder von uns trinken, dann brauchen wir während des Kletterns nur ein Minimum an Wasser mitschleppen. Wir sind beide träge, haben überhaupt keine Lust in die eisige Kälte hinaus zu treten. Ein kurzer Rundblick vor der Hütte bestätigt das Wetter des Vorabends. Sternenklar. Ostwind. Die beiden Gipfel des Mount Kenias, Nelion und Batian, sind klar zu erkennen. Es gibt keine Ausrede nicht aufzubrechen.

Noch einmal kontrolliere ich den Rucksack: zwölf Karabiner, drei Klemmkeile, je zwei kurze und lange Bandschlingen, Seil, Helme, Klet-

tergurte, Kletterpatschen, Sonnenbrillen, zwei Liter Tee, Schokolade, Müsliriegel. Ich packe – für alle Fälle – noch den Biwaksack dazu. Aber unser Ziel lautet: an einem Tag hinauf und hinunter.

Wir marschieren von der Hütte aus nach Westen zum Lewis-Gletscher. Das Licht der Sterne reicht aus, um den Weg zu finden. Als wir am Fuß der Süd-Ost-Wand ankommen, geht über der „Austrian Hut" gerade die Sonne auf. Am Einstieg inspizieren wir die Wand. Unglaublich. Gestern noch, aus der Ferne, sah sie trocken aus, mit einigen Schneerinnen durchzogen. Jetzt: 3 mm dickes Eis. Ein Großteil der Wand ist damit überzogen.

„Bei diesen Verhältnissen brauchen wir nicht einzusteigen", sage ich.

Innerlich fällt mir im selben Moment ein Stein vom Herzen. Das Bergprojekt Mount Kenia war aus einer reinen Laune, einem Überschwang heraus entstanden. Damals, in München, in der warmen Stube, sechs Monate vor der Abfahrt. Riki war beim Studium unserer Afrika-Reiseliteratur darauf gestoßen. Ich sagte ihr damals:

„Der Mount Kenia ist ein reiner Kletterberg. Wer dort hinauf will, muss eine komplette Kletterausrüstung mithaben und auch damit umgehen können."

Drei Wochen später saßen wir mit einem oberösterreichischen Bergführer auf der Adlerspitze im Höllengebirge. Er war schon am Mount Kenia gewesen. Er riet uns, die Kletterpatschen mitzunehmen, dann sei der Berg „halb so wild".

Wir hocken entspannt am Fuß der Wand und genießen die ersten, noch kraftlosen Sonnenstrahlen. Auch wesentlich bessere Bergsteiger als wir würden nicht einsteigen, bestärken wir einander.

Die Sonne steigt langsam höher und gewinnt an Kraft. Kleine Wassertropfen rieseln über die Wand. Das Eis beginnt zu tauen. Kurz darauf kollern erste Steinchen herunter: Der Berg gibt leise Geräusche von sich, so als riefe er uns: „Kommt! Nicht kneifen! Probiert es!"

Verdammt, er hat Recht, denke ich. Mit dem Schmelzen des Eises zerschmelzen auch unsere Argumente für eine Umkehr. Wir verstauen die überflüssigen Ausrüstungsgegenstände in einem Müllsack und drücken ihn in ein Felsloch. Die Kletterpatschen stecken wir in den Rucksack. Viel-

leicht wird die Wand so weit abtrocknen, dass wir sie später verwenden können. Dann steigen wir ein.

Das Klettern mit den schweren Lederschuhen ist ungewohnt und schwierig. Ich brauche viel mehr Kraft in den Händen, weil ich den Tritten nicht vertraue. Die Route ist im unteren Teil zwar leicht, aber der knietiefe Schnee in den Rinnen macht sie gefährlich. Die Zwischenhaken sind darunter vergraben, die meisten kann ich nicht entdecken. Nur langsam kommen wir höher.

Um zwölf Uhr passieren wir Baileys Biwakschachtel, ohne sie zu inspizieren. Unterhalb des „Mackinder's Gendarm" übersteigen wir einen Grat, dann geht es einige Meter abwärts und über ein 35 Meter langes, steiles Schneefeld hinauf Richtung Schlüsselstelle. Auf den ganzen 35 Metern kann ich keine ordentliche Zwischensicherung anbringen, lediglich eine Kopfschlinge, die bei jedem Ruck abzugleiten droht. Unterhalb der Schlüsselstelle ist ein guter Rastplatz. Wir trinken Tee, essen ein paar Bissen und sprechen uns gegenseitig Mut zu: „Es geht schon! Zwei Drittel haben wir schon ... Jetzt noch die Schlüsselstelle und dann ..."

Die Schlüsselstelle bringt mich zur Verzweiflung. Ich sehe einige Meter oberhalb einen Haken, sehe auch einige kleine Tritte, die mich höher brächten. Aber die klobigen Schuhe sind zu groß dafür. Nach fünf Minuten vergeblichen Probierens lege ich die linke Hand über die rechte und ziehe mich hoch. Die Füße baumeln frei, haben keinen Halt. Nun muss ich die auf einen Griff reduzierte Zwei-Punkt-Sicherung für einen Moment auf einen Punkt reduzieren und die linke Hand schnell zum nächsten Griff höher schieben. Als sie den Griff findet und mein ganzer Körper sich höher strampelt, bin ich selbst über meine Verwegenheit verwundert.

Erschöpft atme ich durch und schaue nach unten. Riki wird hier nicht raufkommen, denke ich. Sie kann keinen Klimmzug. Aber vielleicht kann ich sie hochziehen.

„Stand", rufe ich.

„Seil ein", kommt die Antwort kurz darauf. Das Seil läuft wie geschmiert durch die Karabiner.

„Kommen!"

„Komme", höre ich als nächstes und als sie die Schlüsselstelle erreicht:

Das Klettern mit den schweren Lederschuhen ist ungewohnt und schwierig.

[Riki in der Südostwand des Nelion, Mount Kenia]

„Wie, geht's hier weiter? Was, da bist du rauf?" Und schlussendlich nur mehr. „Ziiiieh, ziiiieh!"

Das Seil kommt für die nächsten Minuten nur mehr zentimeterweise durch meine Finger und ist dabei permanent gespannt. Als Riki den Standplatz erreicht, ist sie erschöpft, aber der Wille zum Weiterklettern ungebrochen.

Wir haben den nächsten Grat erreicht und blicken hinunter in das „amphitheatre", wie es im englischsprachigen Führer heißt – in eine breite, sehr ausgesetzte, sich von oben nach unten verengende Felsrinne. Ein starker, eisiger Wind bläst an dieser Kante, auf der sich der Standplatz befindet. Im Kletterführer steht: „4 Meter abwärts, und in einem Quergang auf die andere Seite der Felsrinne".

Riki sieht ganz verfroren aus. Als ich losklettere und für einige Minuten den Weg nicht finden kann, beginnt sie zu weinen. Ich frage sie lieber nicht, ob wir umkehren sollten.

„Wir müssen den Standplatz verlegen. Wo ich jetzt klettere ist der Wind viel, viel schwächer", schreie ich zu ihr hinauf.

Sie stampft nur mit den Beinen und sieht mich mit feuchten Augen an. Hastig richte ich am nächsten Zwischenhaken einen Standplatz ein. Er ist nur wenige Meter entfernt und doch geschützt. Sie kommt nach. Die eisige Kälte hat an ihrer Moral genagt. Sie ist am Kippen.

„Schau", sage ich ihr, „nach dieser Seillänge geht es eine Rinne entlang bis zum Gipfel. Nur eine einzige IIer-Stelle müssen wir noch überwinden. Wir haben heute schon viel Schwierigeres geschafft."

Sie nickt nur stumm und treibt mich zum Weiterklettern an. Der Quergang hinüber auf die andere Seite des Amphitheaters ist zwar nicht sehr schwierig, aber dafür ausgesetzt. Eilig klettern wir weiter. Nach drei weiteren Seillängen erreichen wir den 5.188 Meter hohen Nelion. Es ist vier Uhr nachmittags.

Ausgepumpt, aber überglücklich und mit Tränen in den Augen hocken wir neben dem Gipfelkreuz. Wir essen die mitgebrachte Schokolade und trinken die Wasserflasche fast leer. Für einige Minuten kehrt tiefe Ruhe in mir ein. Der Ruf des Berges, mein verwegener Klimmzug, Rikis Tränen – alles läuft noch einmal vor mir ab.

Die Sonne steht schon tief, als wir uns zum Abseilen entschließen. Eigentlich wäre es sicherer, denke ich, die Nacht in der Biwakschachtel am Gipfel zu verbringen. Aber wir haben keine Schlafsäcke mit und das Wasser ist knapp und der Nahrungsmittelvorrat ebenfalls. Außerdem: Was machen wir bei einem Wetterumschwung? Nein, nein. Das Abseilen ist die bessere Variante. Mit den Stirnlampen können wir uns auch ein, zwei Seillängen abseilen, falls es zu dunkel wird.

Unsere Kalkulation geht daneben. Als es dunkel wird, erreichen wir erst Baileys Biwak. Mit der Stirnlampe leuchte ich in das Innere und bin geschockt: Eine Eisdecke überzieht den Boden. Am Eingang zehn Zentimeter dick, im hinteren Eck etwa dreißig. Die Eingangstür fehlt und der Wind kommt genau aus Ost, der ungünstigsten Richtung.

Wir zwängen uns in die Aluminiumschachtel und breiten den Biwaksack aus. Als isolierende Unterlage benutzen wir die Schuhe, die nicht verwendeten Kletterpatschen und den Rucksack. Wir kauern uns in den Biwaksack und versuchen, ihn möglichst dicht abzuschließen. Bei jeder Bewegung zieht eiskalte Luft bei den Öffnungen herein und verursacht Zähneklappern.

Riki klagt über schlimme Blasenschmerzen. Sie muss oft aufstehen und urinieren. Jedes Mal entweicht die angewärmte Luft aus dem Biwaksack. An seiner Innenseite ist er mit Wasser beschlagen. Es wird immer ungemütlicher, aber irgendwann finden wir uns damit ab, die Nacht zu ertragen.

In mir kommt ein ähnliches Gefühl hoch, wie ich es schon am Gipfel hatte. Diesmal weben sich klarere Gedanken darum. Ehrgeiz… Streben… Herausforderungen, sagen sie. Ist es das, was uns die letzen zwei Jahre beherrschte? Riki im Propeller, …Motorzusammenbruch und Saudi-Arabien, …Haitauchgänge, … Wassereinbruch vor Bab-el-Mandeb. Und jetzt: Gewalttour auf den Mount Kenia zur falschen Jahreszeit. Warum tun wir uns das an? Sind wir deshalb aufgebrochen? Was wollen wir uns beweisen? Wem wollen wir etwas beweisen? Was muss noch alles passieren, bevor wir unser Streben aufgeben? „Das Streben aufgeben“, sagen meine Gedanken, „wach in den Tag hineinleben, frei von ehrgeizigen Zielen!“

Das könnte es sein. Ich sehe uns, sechzehnjährig, in meinem Kellerzimmer sitzen. Damals, so scheint mir, waren wir den Dingen, die im Le-

ben wirklich wichtig sind, näher als heute. Das Bild von damals – die Insel – wird langsam sichtbar. Ich spüre ihre Bedeutung wieder. In diesen Minuten radiere ich sämtliche Zukunftspläne aus. Tansania gestrichen! Madagaskar gestrichen! Südafrika gestrichen! Wir wollen sie suchen, unsere Insel – die Insel in uns. Ohne Ehrgeiz, ohne Druck, ohne Streben – sonst würden wir an ihr vorbeisegeln. Der Mount Kenia war der letzte schon zu Hause geplante Programmpunkt. Nun besteht die Chance, der Reise eine neue Richtung zu geben.

Ende des Traums.
Was bleibt, ist Raum.
Ende der Zeit.
Was bleibt, ist befreit.
Ende des Strebens.
Was bleibt? Der Fluss des Lebens.

Ich bin ganz benommen von meinen Gedanken. Es ist drei Uhr morgens und es wird kälter. Ich erzähle Riki von dem Bild der Insel. Sie meint, ähnliche Gedanken habe sie schon vor einigen Tagen gehabt. Aber sie wollte vor dem Gipfelsturm davon nicht reden. Ich reibe ihr den Rücken so fest, wie ich nur kann. Danach die eiskalten Oberschenkel und Hände.

„Du hältst schon durch", beruhige ich sie, „die Nacht ist bald vorbei und das Wetter hat sich auch nicht verändert."

Kurz vor Sonnenaufgang ist es am kältesten. Wir beschließen noch zu warten, bis die Sonnenstrahlen genug Kraft haben um uns zu wärmen. Um sieben Uhr kriechen wir aus dem Biwak. Das Seil ist steif gefroren. Völlig ungelenk steigen wir die ersten 150 Meter in Richtung Abseilstelle. Die ersten Seillängen verlaufen problemlos. Aber irgendwann hänge ich im Freien: Das Seil ist fast zu Ende, aber kein Haken in Sicht. Vom Fuß der Wand bin ich noch zwanzig Meter entfernt. Links von mir, in etwa zehn Meter Entfernung, sehe ich einen Haken mit Schlingen. Ich versuche über die Wand zu laufen, um den Haken zu erreichen. Er liegt zu hoch.

„Aufbrusiken", sage ich zu mir.

Ich will es vermeiden und beginne den Felsen in meiner Umgebung zu studieren. In einem Riss entdecke ich einen eingekeilten Stein, durch den ich eine Bandschlinge fädeln könnte. Ich seile mich einen weiteren Meter

[Massai am Ngorongoro-Krater, Tansania]

ab und begutachte den Stein. Er ist von Erde umgeben und wackelt ein bisschen. Aber nach unten scheint er zu halten. Ich fädle die Bandschlinge ein und reiße einige Male ruckartig nach unten. Er bewegt sich nicht.

„Stand", rufe ich nach oben. Als Riki nachkommt, blickt sie mich fragend an. Ich rate ihr, die Selbstsicherung nicht in der Bandschlinge einzuhängen, während ich mich abseile. Falls der Stein losbricht, reißt es sie nicht mit. Sie ignoriert meine Bedenken, prüft den Stein selbst noch einmal.

„Der hält", lautet ihr Urteil.

Wir kommen unversehrt unten an. Die Bandschlinge bleibt in der Wand verewigt. Hoffentlich werden andere Kletterer von ihr nicht in die Irre geführt! Beim Überschreiten des Lewis-Gletschers fallen kaum Worte. Wir sind froh das Abenteuer überstanden zu haben. In der „Austrian Hut" erwartet uns schon die kenianische Bergrettung.

Afrika siegt immer

Während draußen vor dem Fenster die Landschaft Zentralkenias vorübergleitet, bin ich gedanklich in Baileys Biwak. Ich spüre noch die Kälte und die Angst in mir, aber auch dieses Hochgefühl, das sich während der wachen und glücklichen Momente einstellte, sich wohl nur einstellen konnte, weil wir in einer Extremsituation waren – in einem Adlerhorst mitten in der Südostwand des Nelions, während einer sternenklaren, extrem windigen Nacht, mit der zentralkenianischen Ebene und ihren Lichtern tief unter uns und dem smaragdgrünen, von einstigen Gletschern ausgeschürften See am Fuße der Wand, den ich nicht sehen konnte, obwohl ich wusste, er war da. Ich betrachtete alles aus der Vogelperspektive, aus einer „erhöhten" Sicht.

Der Schaffner reißt mich aus meinen Gedanken. Ich gebe ihm die Fahrkarte nach Nairobi. Von dort werden wir zurück an die Küste fahren. Fünf Wochen ist es her, seit wir das Boot verließen.

Meine müden Beine bewege ich keinen Zentimeter mehr. Kraftlos baumeln sie über den Sitz. Ich habe Blasen an den Fersen, ein geschwollenes

Knie, einen schmerzenden rechten Ellbogen und eine schlimme Blasenentzündung. Vergängliche Andenken an eine Gewalttour. Aber mein Kopf ist frisch und klar. Ich fühle mich befreit.

Zwei Tage später sind wir in Kilifi. Das Erste, was wir vom Kellner an der Bar zu hören bekommen, ist, dass wir wieder Glück gehabt hätten. Diebe wollten das Schiff stehlen! Sie hätten das dicke Tau der Muringleine durchgeschnitten, sich aber mit der Strömung verschätzt. Es sei noch Flut gewesen, deshalb trieb das Boot nicht Richtung Meer sondern auf die Landzunge hinter der Bootswerft zu. Zwei Yachties entdeckten es und schlugen Alarm.

„Und was machte in der Zwischenzeit unser Wächter?", fragt Heinz.

„Der war zum Abendessen an Land," meint er, „das tat er jeden Tag zur selben Zeit. Die Diebe fanden das heraus und sie machten es sich zunutze."

Wir fahren zum Boot hinüber und suchen nach Schäden. Glücklicherweise können wir keine feststellen.

Schon vor unserer Reise ins Landesinnere war Kilifi nicht ungefährlich. Allein schon das Einkaufengehen war problematisch. Auf dem langen Weg über den Strand zum Markt wurden einige Yachties mit Messern bedroht und ausgeraubt. Wenn wir das Schlauchboot für Einkaufsfahrten benutzten, mussten wir jedes Mal einen Aufpasser mitnehmen, ansonsten wäre es mit Sicherheit gestohlen worden.

Jetzt kommt hinzu, dass sich die Diebstähle auf den Yachten mehren und die Banden dreister werden. Einige Male werden die Kerle von aufmerksamen Yachties ertappt, wie sie sich nachts im Einbaumboot in der Strömung herantreiben lassen – unhörbar, weil ohne Rudergeräusche. Auch wir stellen eines Morgens fest, dass an den Haltebolzen unseres Außenborders herumgefummelt wurde, während wir schliefen. Und dies, obwohl wir den Motor wohlweislich mit einer schweren Kette an der Reling befestigten.

Immer wieder hören wir, dass Weiße in ihren Häusern entlang der Küste überfallen und ausgeraubt werden. Den Besitzern von Tamara's Inn ergeht es so. Auch der Franzose Roger steht eines Tages vor einem leer geräumten Haus. In einigen Luxushotels ereignen sich bewaffnete Raubüberfälle, bei denen Touristen umgebracht werden. Und der südafrikanische Besitzer des Nachbarkatamarans, der von einer Diebesbande halb leer geräumt wurde, liegt jede Nacht mit einem Gewehr auf der Lauer...

Unter diesen Umständen würden wir Kenia lieber heute als morgen verlassen. Es ist schwierig geworden, den Schattenseiten der Armut und den Nachwirkungen der Kolonialzeit noch mit Verständnis zu begegnen. Seit unserer Rückkehr vom Mount Kenia wissen wir ohnehin, dass unsere Reise in eine ruhigere Phase eintreten muss.

Unser nächstes Reiseziel sind die unbewohnten Chagos-Inseln. Die Crews der Boote in Kilifi, die bereits dort waren, schwärmen allesamt von diesen südlich der Malediven und östlich der Seychellen gelegenen Trauminseln.

Wir müssen warten, bis sich der Nordostmonsun durchgesetzt hat. Die Wartezeit nutzen wir um möglichst viele Informationen über die Inseln einzuholen. Wir haben vor ein halbes Jahr dort zu bleiben und uns auf einer Insel ein Camp zu bauen. In Mombasa decken wir uns mit Proviant für diesen Zeitraum ein. Am 5. Januar 1995 sitzen wir mit den Kellnern der Bar und einigen Werftarbeitern bei einem Abschiedstrunk beisammen. Das Boot ist klar zur Abfahrt. Drei Tage später stechen wir in See: Kurs Seychellen. Sie sind nur Zwischenstation auf dem Weg nach Chagos.

Das Ziel

Oft stehe ich am Bug außerhalb der Reling, das Gesicht nach vorne gerichtet. Frei und ungehindert wandert mein Blick im Rhythmus der Wellen über den Ozean. Manchmal lecken Wellen über die Bordwand herauf und umspülen meine Fußsohlen. Manchmal treffen mich ein paar Wasserspritzer im Gesicht. Doch nur für Augenblicke reißen sie mich aus dem Einheitsgefühl, das mich hier am Bug erfasst. Ich genieße die Freiheit und Unabhängigkeit beim Segeln wie selten zuvor. Seit wir Kenia verließen, kommt mir die Reise wie ein Neubeginn vor.

Während der ersten sechs Tage mussten wir ziemlich hart gegenansegeln. Aber dann drehte der Nordostmonsun auf Nord und wir konnten auf Halbwindkurs gehen. Seitdem ist das Segeln viel angenehmer. Die mit uns fliegenden Tölpel künden davon, dass wir uns den Amiranten nähern. Immer wieder versuchten sie in den letzten Tagen am höchsten Punkt unseres Bootes aufzusetzen. Vergeblich. Die Bewegungen des dahinsegelnden Bootes waren zu ungestüm um ein Landen im Masttop zu erlauben. Die Tölpel haben inzwischen begriffen, dass die Reling der angenehmere Landeplatz ist. Wie Galionsfiguren hocken sie am Bug und halten ihre bläulichen Schnäbel in den Wind.

Die Amiranten sind flache, aus Korallenbänken gebildete Inseln, die weit außerhalb der Seychellen-Hauptgruppe liegen. Boudeuse ist die erste, vor der wir vor Anker gehen. Eine Tölpelkolonie nistet auf ihrem sandigen, mit spärlichem Gras bewachsenen Boden. Als wir die Insel betreten, setzt augenblicklich ein ohrenbetäubendes Gekreische ein. Die Vögel bespritzen uns ausgiebig von oben mit Kot. Einige fühlen sich von uns bedroht und würgen unter heftigem Kopfnicken halb verdaute Fische hervor, mit denen sie uns „abspeisen" wollen. Nimm' meinen Fisch und lass' mich in Ruhe!, lautet ihre Botschaft.

Boudeuse ist zu klein um ein Ankern ohne Schwell zu ermöglichen. Wir segeln zur Insel Poivre weiter. Gespannt verfolgen wir ihr Auftauchen aus dem Meer. Wie eine Fata Morgana flimmert sie anfangs in weiter Ferne. Dann verwandelt sie sich in einen dunklen Strich, dessen Farbe allmählich von grau auf dunkelgrün wechselt. Poivre ist eine klassische Palmeninsel und obendrein die erste, die wir je sahen.

Mit einem Gefühl freudiger Erwartung gehen wir an ihrer Südseite vor Anker. Ein Bootssteg und ein Haus in weiter Ferne deuten darauf hin, dass die Insel bewohnt ist, zumindest während der Kokosnussernte. Wir können es kaum erwarten, mit dem Schlauchboot an Land zu fahren. Noch ehe wir den Strand erreichen, schlägt uns feuchtheißes Treibhausklima entgegen. Das Uferwasser ist so warm, dass wir keine Lust auf ein Bad bekommen. Wir waten rasch an den Strand.

Ein Dickichtgürtel aus Mangroven, Schlingpflanzen, Palmen und Kasuarinen reicht bis dicht an den Strand. Wir wandern ein Stück an ihm entlang und wagen uns dann in den Dschungel vor. Auf den ersten Metern lässt er sich nur kriechend und durch ständiges Abbrechen von Ästen überwinden, dann lockert er sich auf. Das Innere der Insel hat den Charakter einer Kokospalmenplantage. Wir stoßen auf eine große ausgetrocknete Lagune, an deren Rand ein Meerwassersee zurückgeblieben ist. Silbrig glitzert er vor dem Palmenkranz, der die Lagune umschließt.

Abends sind wir wieder auf dem Boot. Im Windschatten der Insel spüren wir den starken Nordwind kaum, der draußen am Meer weht. Poivre liegt als dunkle Silhouette vor uns. Ihr unterer Rand ist ein exakt gezogener, gerader Strich, der obere ist zerfranst und zerfleddert. Graublaue Wolkengebirge mit rötlichen Tupfen auf den höchsten Punkten stehen über der Insel. Der Mond ist eine schmale Sichel. Die Gewissheit, dass wir in nächster Zeit oft vor solchen Kulissen ankern werden, macht uns unbeschwert.

Wir bleiben nur drei Tage auf Poivre, dann segeln wir nach Mahé weiter. Weiß vor Schaum stehen wir an Deck, als die gebirgige Insel vor uns auftaucht. Abwechselnd schütten wir uns Kübel voll Salzwasser über die Körper, denn wir wollen ordentlich aussehen, wenn wir im Hafen von Victoria einlaufen.

Urlaub auf den Seychellen

Seit eineinhalb Wochen liegen wir im Yachtclub Victorias, der Hauptstadt von Mahé vor Anker. In der Pantry steht ein großer Korb voller Früchte: Avocados, „Golden Apple", Papayas, Brotfrüchte... Wenn wir sie aufgegessen oder zu Vitamincocktails verarbeitet haben werden, wird uns Andrew neue bringen. Andrew ist Segellehrer im Yachtclub von Victoria und ein netter Bursche.

Gestern besuchten wir ihn in seinem Haus, einem typischen Seychellen-Heim. Es steht in einem üppig wuchernden tropischen Garten, in dem er reichlich Obst und Gemüse ernten kann. Andrew bewirtete uns mit frisch frittierten Brotfruchtchips. Sie schmeckten köstlich – ganz im Sinne des alten Sprichwortes: Wer auf den Seychellen Brotfrüchte isst, der kommt bestimmt wieder.

Andrews Mutter hat sechs Kinder mit drei verschiedenen Vätern. Er selbst ist verlobt, hat aber schon zwei Kinder mit zwei anderen Frauen. Lockerheit bestimmt die Beziehungen. Das gilt auch für nachbarschaftliche Kontakte. Während wir Brotfruchtchips aßen und Andrews Riesenschildkröten im Gehege bewunderten, tratschte er mit seinem Nachbarn von Gartenbank zu Gartenbank. Keine Heck, kein Gartenzaun lag dazwischen. Auf den Seychellen werden nicht einmal die Haustüren abgeschlossen.

Auch wir lassen das Boot stets unversperrt zurück. Lang ist es her, seit wir so unbeschwert an Land fahren konnten. Victoria ist eine der kleinsten Hauptstädte der Welt. Es gibt einige architektonisch reizvolle Kolonialbauten – Uhrturm, Gerichtsgebäude, Nationalbibliothek, erzbischöflicher Sitz – und einige nette Straßencafés und Eissalons, einen Fischmarkt, einen botanischen Garten und viele Krimskramsläden. Aber um vier Uhr nachmittags, wenn die Geschäfte schließen, wird es sehr ruhig in der Stadt.

Die Verschlafenheit stört uns nicht, denn wir sind hier um Urlaub zu machen und auszuspannen. Nach einem Jahr in Ostafrika tut es uns gut, in ein Land gekommen zu sein, in dem Sicherheit und Ordnung herrschen. Es ist, als ob wir der Heimat wieder ein Stück näher gekommen wären:

saubere Straßen, bescheidener Wohlstand, moderne Kommunikationseinrichtungen.

Die Seychellois – so heißen die Seychellenbewohner – sind stolze und selbstbewusste Menschen. Sie begegnen den Fremden mit freundlicher Gleichgültigkeit. Niemand hat es eilig, weder Passanten noch Geschäftsleute. Ihr Lebensrhythmus scheint an die Schiffe gekoppelt zu sein. „Wenn das nächste Schiff kommt ...", hören wir des öfteren. Dabei landen täglich mehrere Jumbos auf dem internationalen Flughafen.

„Gott pflanzt, die Seychellois ernten". Bei einer Wanderung zum etwa 900 Meter hohen Hauptgipfel der „Trois Frères", oberhalb Victorias, bestätigt sich dieses Sprichwort. Entlang des Weges wachsen Zimt-, Brotfrucht-, Takamaka- und Jack-Fruit-Bäume wie in einem natürlichen botanischen Garten. Aber auch Zitronengras, Vanilleranken und verschiedene tropische Blumen säumen den Pfad. Etwas abseits entdecken wir sogar die seltene Fleisch fressende „Pitcher Plant". Ihre Blüte besteht aus einem hellgrünen Kelch mit einem klappbaren Deckel darauf. Am Boden des Kelches ist eine stark riechende Flüssigkeit, mit der die Pflanze ihre Opfer anlockt.

Nach zwei Wochen im Hafen von Victoria segeln wir zu den vorgelagerten Inseln und ankern in der Sainte-Anne-Bucht auf Praslin. Im Vallée de Mai stehen die berühmten Cocos-de-Mer-Palmen, auf denen die größte essbare Baumfrucht der Welt wächst: die Cocos-de-Mer, eine Doppelnuss. Die Nüsse erinnern an knackige Mädchenpopos. Seit sie an den Küsten ferner Länder angeschwemmt wurden, entzündeten sie die Fantasie der Menschen. Damals, noch vor ihrer Entdeckung 1768, wusste man nicht, dass sie auf den Seychellen wachsen. Man hielt sie für Meeresnüsse, deshalb ihr Name.

Das Vallée de Mai ist der einzige Ort, wo hunderte dieser Palmen stehen. Auch die männliche Frucht der Cocos-de-Mer-Palme ist sehr delikat: ein mit kleinen orangen Blüten besetzter, schwarzer Stängel. Da die Regierung den Cocos-de-Mer-Handel streng kontrolliert, sind die Preise für die Nüsse hoch. Im Laden eines Holzschnitzers auf Praslin sehen wir dann eine Prachtnuss in der Auslage, naturbelassen und so wie Gott sie schuf. Jedes Gramm ihrer kurvigen fünf Kilo sitzt am rechten Fleck. Auch das zarte Büschel rauer Kokosfasern. Die Nuss hat nur einen Schönheitsfehler: Sie besitzt nicht das von der Regierung vorgeschriebene Zertifikat. Das macht sie nur noch begehrenswerter. Für vierhundert Seychellenrupien gehört die Schwarzmarktschönheit uns.

Nach einigen Tagen auf Praslin segeln wir über die Les-Soeurs-Inseln nach La Digue und ankern vor Petite Anse, einer Bucht mit einem Halbmondstrand, den wir uns nicht schöner ausmalen könnten. „Morning Glory", ein efeuartiges Gewächs mit lila Blüten, wächst girlandenartig aus dem Palmendschungel in den Strand hinein. Zwei Wälle aus rundgeschliffenen dunklen Granitblöcken begrenzen den Strand. Die Granitfelsen sind das „Markenzeichen" der Seychellenstrände.

Mit der Taucherbrille schwimmen wir vom Ankerplatz ans Ufer. Zart gerippter Pudersand leuchtet vom Grund herauf. Kein Seegras, keine Korallen oder Steine verunreinigen sein Weiß. In der Brandungszone wird das Swimmingpoolwasser milchigtrüb und perfekt getarnte, durchscheinend wirkende Fische mit breit gegabelten Schwanzflossen jagen darin.

Am Abend ist der Strand menschenleer. Die Badenden sind zu ihren Hotels an der Westküste zurückgekehrt, ebenso die Gruppe von Models und Fotografen, denen wir bei den Modeaufnahmen zusahen. Nur ein luxuriöser Charter-Katamaran ankert neben uns in der Bucht. Die Gäste an Bord laden uns zum Dinner ein. In drei Tagen, erzählen sie, ist ihr Urlaub zu Ende. Sie fliegen zurück nach Europa. Auch unser Urlaub geht zu Ende. Wir segeln weiter zu den Chagos-Inseln. Tausend Meilen trennen sie von den Seychellen. Bei gutem Wind werden wir etwa eine Woche brauchen.

Ohne Flügelschläge gleiten sie durch die Luft
und beäugen uns. Kühn sieht es aus...

[Tölpel im Indischen Ozean vor dem Chagos-Archipel]

Langer Weg nach Chagos

Wir scheinen im Zentrum eines atmosphärischen Kreisels zu treiben, dessen Wände sich träge um uns, den Kreiselmittelpunkt, drehen und nur im Stundentakt neue Bilder entstehen lassen – Wolkenbilder, die sich im regungslosen Wasser widerspiegeln. Beim Betrachten der am Horizont zusammengeballten Wolken kommt mir der Gedanke, dass diese Zusammenballung in Wirklichkeit gar nicht existiert, weil die Erdkrümmung es bloß so aussehen lässt, dort also dieselben lockeren Haufenwolken schweben wie direkt über mir. Was umgekehrt hieße, dass, wenn ich von dort zu uns herüberblickte, ich auch verdichtete Wolken sähe, die wie Wolkenkontinente erschienen. Und vielleicht flögen auch Wolkenballen darüber, die sich von Zeit zu Zeit veränderten, zu Tieren, Menschenköpfen, Pferdemähnen, Ambossen würden.

Dann stelle ich mir vor, wie sich die lockere Haufenwolkendecke überall am Horizont fortsetzt, sich der Kreisel um mich ausdehnt, in alle Himmelsrichtungen, über hunderte von Meilen hinweg. Der Raum wird unvorstellbar groß, unendlich weit. Und wie der Raum, so die Zeit. Auch sie erscheint mir grenzenlos.

Elf Tage sind vergangen, seit wir die Seychellen verließen. Das Letzte, was wir von ihnen sahen, war die Wolkenhaube über dem Morne Seychellois, dem höchsten Berg auf Mahé. Vier Tage lang segelten wir bei gutem Wind ostwärts, dann begann eine hartnäckige Flaute. Seither haben wir das Gefühl, zwischen Himmel und Erde zu schweben. Unser Boot: ein Raumschiff ohne Antrieb, ohne Ziel.

Kein Lufthauch kräuselt die Wasseroberfläche. Es hätte keinen Sinn, Segel zu setzen. Anfangs ließen wir uns beim leisesten Anflug von Wind dazu verleiten, doch das monotone Hin- und Herschlagen der Segel erzeugte nur eine nervtötende Hintergrundmusik. Die Flaute verlangt Geduld von uns, aber sie ist auch faszinierend. Das spiegelglatte, milchige Blau ringsum macht die Augen ruhig und schärft sie für das Unscheinbare. Die kleinen Dinge sind es, die uns nun beschäftigen.

Heute Morgen warfen wir eine Kokosnuss ins Meer. Sie treibt noch immer in unserer Nähe. Wie ein Feuerschiff scheinen wir mit dem Meeresboden verbunden zu sein. Ein Wahoo und ein kleiner Hai kreisen im Schatten der VENETIA CLAIRE und einige Rifffische schwänzeln um die Ruderblätter: Füsiliere, Feilen- und Drückerfische. Woher sie kommen, ist uns ein Rätsel. Sie schätzen die Kühle im Bootsschatten. Die Wassertemperatur ist nämlich von 29 auf 34 Grad gestiegen.

Wir gießen uns ein letztes Mal Salzwasser über die Köpfe, dann setzen wir uns mit einem Glas Kokoslikör auf das Salondach um die Abendstimmung zu genießen. Endlich spüren wir die frische Kühle auf der Haut. Staunend beobachten wir, wie die Sonne im Westen versinkt und zur selben Zeit am gegenüber liegenden Horizont ein voller Mond emporsteigt, groß und glutrot. Mit jedem Meter, da er höher steigt, strahlt er gelblicher.

Wie an den Abenden zuvor besuchen uns Schrauberdelphine. Wir sehen sie schon von weitem. Sie kommen ganz nahe und vollführen minutenlang Sprungkunststücke vor dem Boot. Wir können ihr Atmen deutlich hören. In der Stille ringsum nehmen wir jedes noch so kleine Geräusch wahr. Deshalb halten wir nachts auch keine Wache mehr.

Am nächsten Morgen schalten wir den Motor ein. Vierundzwanzig Stunden lang tuckern wir dahin, in der Hoffnung der Flaute zu entkommen. Vergeblich. 450 Meilen liegen noch vor uns. Doch der Dieselvorrat würde nicht bis Chagos reichen. Das Wetter hat sich zumindest verändert. Ringsum stehen nun seltsame Wolkengebilde – Wolkenpilze auf dünnen, schleierartigen Stielen, manche hell und von Sonnenlicht durchflutet, manche dunkel und bedrohlich. In ihnen stecken Regen und Wind.

Am Nachmittag erreicht uns der erste Regenkeil. Wir bekommen seinen Wind zu spüren und fahren mit prall gefüllten Segeln in ihn ein. Augenblicklich geht ein Prasselregen auf uns nieder. Für ein, zwei Stunden machen wir gute Fahrt: Das Boot wird gereinigt, die Wassertanks gefüllt. Dann spuckt uns die Waschanlage wieder aus und zieht davon. Das durchkommende Sonnenlicht lässt einen Regenbogen entstehen. Wir bergen die Segel und warten auf den nächsten Regenkeil.

In den nächsten Tagen wird der Wind konstanter, wir kommen gut voran. Immer öfter umkreisen uns Tölpel. Ohne Flügelschläge gleiten sie durch die Luft und beäugen uns. Kühn sieht es aus, wenn sie knapp über der Wasseroberfläche fliegen und ihre Flügelspitzen die Wellenkämme berühren. Manchmal stürzen sie sich kreischend in Fischschwärme, die von jagenden Thunfischen an die Oberfläche getrieben werden, dann rasten sie wieder auf den Wellen.

Ich kann erfühlen, wie sie ihren Instinkten und Sinnen folgend über das Meer ziehen, stets im Fluss der Gegenwart. Die Vögel sind geschaffen für das Leben am Meer. Im Vergleich zu ihnen humpeln wir geradezu über das Wasser: Wir brauchen ein Boot um nicht zu ertrinken. Wir brauchen ein Navigationssystem um uns nicht zu verirren. Wir brauchen Wasser um nicht zu verdursten. Wir brauchen eine Angel um uns zu ernähren...

Am Morgen des siebzehnten Tages ist der Himmel wolkenverhangen. Es nieselt. Laut GPS sind wir noch fünfzehn Meilen von den Chagos-Inseln entfernt. Wir blicken gespannt nach vorne. Eine nur millimeterhohe Ausbuchtung auf der Horizontlinie erweckt den Eindruck, als wälzte sich dort eine silbrig-graue Riesenwelle in der trüben See. Als sie sich in mehrere dunkle Striche aufzulösen beginnt, besteht kein Zweifel mehr: die Chagos-Inseln!

Immer mehr flache, dunkelgrüne Inseln tauchen vor uns auf. Kurz vor der nördlichen Einfahrt in das Atoll Peros Banhos bricht die Sonne mit einem Schlag durch: Der Grauschleier verschwindet, die Farben beginnen zu leuchten. Die Inseln, die uns an Poivre erinnern, wirken wild und jungfräulich.

Während Heinz auf der Windgeneratorhalterung am Mast steht und nach Korallenköpfen Ausschau hält, steuere ich durch die nördliche Einfahrt. Im Nordosten von Ile Diamant gehen wir vor Anker. Aus der Ferne betrachtet sehen alle Inseln ringsum gleich aus. Wir haben reichlich Zeit, sie alle kennen zu lernen. Wir sind da, angekommen...

[Seeschwalbenkolonie, Chagos-Archipel]

Die Inseln

Der Chagos-Archipel besteht aus vier Atollen: Peros Banhos, Salomon, Egmont und Diego Garcia. Das größte ist Peros Banhos mit mehr als zwanzig Inseln, das kleinste Egmont. Der Archipel wurde vermutlich im 16. Jahrhundert von Pedro Mascarenhas entdeckt, dem verwegenen portugiesischen Seefahrer. Im Vertrag von Paris 1814 wurden die Inseln dem britischen Reich zugesprochen. Seither sind sie britisch. Heute werden sie offiziell als „British Indian Ocean Territory" (BIOT) bezeichnet.

Zwei Jahrhunderte lang waren sie besiedelt. Die meisten Bewohner stammten aus Mauritius und waren Kopraarbeiter, die mit ihren Familien über Generationen hinweg auf einigen Inseln lebten. Doch der Umstand, dass sie nur befristete Arbeitsverträge in Händen hatten, machte es den britischen Behörden leicht sie abzusiedeln, als auf dem südlichsten Chagos-Atoll, Diego Garcia, ein amerikanischer Luftwaffenstützpunkt eingerichtet wurde. 1971 ging die Militärbasis in Betrieb und die letzten Bewohner mussten die Inseln verlassen. Sie taten es nicht immer freiwillig, wie es heißt. Auf Mauritius und den Seychellen fanden sie eine neue Heimat.

Die Portugiesen mögen sich als Eroberer gefühlt haben, wir fühlen uns ähnlich, als wir auf Ile Diamant an Land gehen. Es herrscht gerade Ebbe. Der Strand ist breit und trocken, der weiße Sand mit unzähligen, von der Sonne gebleichten Muschelschalen und Korallenstücken und vielen roten Körnchen durchsetzt. Die angeschwemmten Hölzer und umgefallenen Palmen können wir leicht umgehen.

Am südlichen Ende der Insel endecken wir einen Brackwassersee. Wir testen den Salzgehalt des Wassers, in der Hoffnung, es könnte sich zum Wäschewaschen eignen. Doch es ist zu salzig. Am Rückweg dringen wir an einer durchgänglicheren Stelle in den feuchtheißen Dschungel vor. Zahlreiche Einsiedlerkrebse in unterschiedlicher Färbung kriechen über den Urwaldboden – rote, weiße, purpurne. Ihre Gehäuse stammen von Meeresschnecken. Einige Ratten – nicht größer als Mäuse – mit langen, dünnen Schwänzen trippeln zwischen modrigen Kokosnüssen umher. Auf einer weniger verwachsenen Fläche bleiben wir stehen. Nur spärliches

Licht dringt durch den Palmenbaldachin. Schon nach kurzer Zeit sind wir von Moskitos umschwirrt. Eilig flüchten wir zurück an den Strand. Wir erkennen, dass unser Camp unbedingt am Strand stehen muss.

Einige Tage später gehen wir vor der südlichsten Insel des Atolls, Ile de Coin, vor Anker. Aus den Berichten der Yachties in Kilifi wissen wir, dass dort noch einige Maulesel leben. Sie waren die einzigen Bewohner, die sich der Deportation erfolgreich widersetzten. Es gibt auch keine größeren Säugetiere außer ihnen: keine Affen, Wildkatzen, Wildschweine oder dergleichen. Die Inseln sind den Vögeln, Schildkröten, Kokoskrabben, Krebsen, Ratten, Spinnen und Skorpionen vorbehalten.

Hinter den Überresten eines Landungsstegs führt ein verwachsener Pfad zur einstigen Siedlung im Inselinneren. Der Anblick der vom Dschungel zurückeroberten, von Rankpflanzen und Luftwurzeln umwucherten Gebäude stimmt uns melancholisch. Überall zerbröckelnde Mauern, umgestürzte Zäune, verrostete Regensammelbecken, alte Stromleitungen. Die mit Efeu umwucherten Grundmauern der alten Kirche sind von Sprüngen und Rissen durchzogen. Zwei steinerne Heiligenstatuen mit beschädigten Köpfen stehen in der Altarsnische und verleihen dem Gotteshaus einen letzten Hauch von Weihe.

Wir gehen in ein halb verfallenes Haus. Ein Bett und ein Teekessel mit zerbrochenem Geschirr erwecken den Anschein, als wären seine Bewohner von einem Tag auf den andern abgezogen. Ich setze mich auf die Bettkante und blicke hinaus in das wuchernde Grün. Übermacht der Natur. Vergänglichkeit menschlicher Existenz. Bald werden fast alle Spuren der Siedlungen verwischt sein.

Die Einsiedlerkrebse machen sich den Urwald-Trödlerladen zunutze. Einige steckten ihre weichen, wurmartigen Hinterleiber in Schraubverschlüsse aus Plastik oder Metall. Diese sind leichter als die alten Meeresschneckenmodelle, aber sie sitzen nicht gut. Als ich einen Plastikhäuschen-Krebs aufhebe, fällt er sofort aus seiner „Windelhose". Ich benötige viel Geduld um sie ihm wieder anzuziehen. Ihm ist nicht bewusst, wie lächerlich er damit aussieht.

Moskitos erschweren die Inselerkundung. Im Bereich der Zisternen sind sie besonders aktiv. Zum Wasserholen verhüllen wir uns mit Overalls und Kopftüchern. Wir zapfen das Trinkwasser aus einem rostigen Regenwassertank ab und schleppen es in Kanistern zum Schlauchboot. Das ist ziemlich schweißtreibend. Das Wäschewaschen erledigen wir wegen der Mückenplage am Strand. Die Maulesel lassen sich die ganze Zeit über nicht blicken.

Fluss des Lebens, staue dich ...

Eine Woche später umwandern wir eine weitere, an der Westseite des Atolls gelegene Insel. Als wir an ihre Nordwestseite gelangen, bleiben wir überrascht stehen: Die Insel besteht eigentlich aus zwei Inseln. Dazwischen liegt eine sandige, mäanderförmige Lagune. Die Tide füllt sie gerade mit Wasser. Dabei entsteht ein Fluss.

> *Fluss des Lebens, staue dich,*
> *bau' eine Sperre ein.*
> *Du bist getrieben vom Wollen,*
> *ich getrieben vom Sein.*

Wir setzen uns auf den Strand und beobachten ihn. Fast geräuschlos, wie von Geisterhand schwillt er allmählich an. Das Wasser wird mal von Norden, mal von Süden in die Lagune gedrückt. Der Fluss fließt in die eine, dann wieder in die andere Richtung. Er hat etwas Unendliches an sich, scheint nirgends zu entspringen und nirgendwo zu enden. Je breiter er wird, desto unauffälliger werden seine Bewegungen.

Am Höhepunkt der Flut hat er sich in einen See verwandelt. Die Palmen werfen ein Schattenbild-Muster auf das türkise Wasser. Eine Mini-Insel, auf der einige Palmen und Kasuarinen stehen, ragt aus seiner Mitte. Die Stimmung ist friedvoll. Nicht einmal Wind ist zu spüren. Nur die Palmenkronen der kleinen Nachbarinsel bewegen sich hin und her.

Wir wandern am See entlang und weiter rund um die Hauptinsel. Die Ebbe hat eingesetzt, als wir zurückkommen. Wieder fließt der Fluss in wiegenden Bewegungen. Die Ränder der Lagune werden langsam trocken. Nur an einer einzigen Stelle bleibt ein Gumper, eine Art Meerwasserpool, zurück. Zwei Palmen wachsen daneben schräg aus dem Dschungel heraus.

„Das ist der Platz, von dem wir immer träumten", sagt Heinz, „dort neben dem Meerwasserpool bauen wir unser Camp."

Der Platz ist einmalig schön. Er ist windgekühlt und sehr geschützt. Bis Mittag liegt er im Schatten, erst danach ist er sonnenbeschienen. Was uns am meisten beeindruckt, sind seine vielen Gesichter. Im Morgenlicht sah die Lagune ganz anders aus als jetzt. Bis zum Abend wird sie mal Fluss, dann See, dann Meerwasserpool gewesen sein. Es ist ein wunderbarer Ort für eine Palmenhütte.

Am nächsten Tag beginnt Heinz mit dem Bau. Er baut die Hütte allein. Der Platz verlange nach Stille und Zurückhaltung, meint er. Lange Diskussionen über Aussehen oder Standort wirkten nur störend. Ich bleibe währenddessen am Boot und bereite alles für die Übersiedelung vor. Grundnahrungsmittel verstaue ich in Plastikbehältern, Haushaltsgegenstände in Körben. Kleider benötigen wir keine, denn wir tragen ohnehin nur Badekleidung. Aber die Gitarre und einige ausgewählte Bücher kommen mit.

Am dritten Tag ist die Hütte fertig. Meine Neugier ist schon groß. Was Heinz noch nicht ins Camp gebracht hat, landet nun im Schlauchboot. Es ist bis obenhin voll. Nach kurzer Fahrt erreichen wir die nördliche Bucht. Heinz klappt den Antrieb hoch und wirft den kleinen, faltbaren Anker ins Wasser. Ich bleibe noch einen Moment im Schlauchboot sitzen und genieße den Augenblick.

Der erste Schritt vom Schlauchboot ins seichte Uferwasser gibt mir das Gefühl, unbebauten Ackerboden zu betreten. Schwer bepackt wate ich hinüber zum Strand. Das Bergsteigerzelt schimmert mir zwischen Scaevolasträuchern und Palmenschößlingen entgegen. Die Palmenhütte steht nur einige Meter daneben und schmiegt sich eng an den Dschungel an. Sie ist nach drei Seiten hin offen. Nur wenige Einrichtungsgegenstände befinden sich darin.

Ein Holzbrett, das auf einigen Kokosnüssen liegt, dient als Küchenablagefläche, ein anderes – ebenfalls auf Kokosnüssen liegendes – als Sitzbank. Die Platte des Tisches besteht aus einem zerfurchten, von Würmern zerfressenen Stück Treibholz, das wohl von weiß Gott woher auf das Eiland gespült wurde. Einige kreuz und quer vernagelte Stäbe hindern den Tisch am allzu heftigen Wackeln.

In einer Ecke hat Heinz eine kreisrunde, mit Korallensteinen ausgelegte Feuerstelle angelegt. Darin liegt schon ein Stapel Kleinholz bereit, daneben ein Vorrat an trockenen Ästen. Auch die auf einer der beiden schräg gewachsenen Palmen hängende Schaukel – eigentlich unser Bootsmannsstuhl – ist mir nicht entgangen.

Wir verstauen die mitgebrachten Lebensmittel in vier von der Decke baumelnden Körben. Das ist eine Vorsichtsmaßnahme wegen der Krebse und Ratten, die zahlreicher wurden, seit Heinz am Camp arbeitete. Dann räumen wir das Schlauchboot leer. Während Heinz das vorbereitete Kleinholz in der Feuerstelle entzündet, hole ich Nescafé, Milchpulver und Zucker aus den Körben. Es dauert eine Weile, bis das Wasser über dem Feuer siedet. Währenddessen ziehen kleine Rauchschwaden durch die Hütte. Mit der Kaffeetasse in der Hand setzen wir uns auf die Sitzbank.

Die Lagune ist mit Wasser gefüllt. Dort, wo vor einigen Stunden noch trockener Sand lag, schwänzeln jetzt zwei junge Schwarzspitzenhaie durch das seichte Wasser. Die Spitzen ihrer schwarz gepunkteten Rückenflossen hinterlassen pfeilförmige Kräuselungen auf der Wasseroberfläche. Zwei Schattenbilder folgen ihnen am sandigen Grund. Sie erinnern uns daran, dass auch wir auf Fischjagd gehen sollten.

Mit dem Schlauchboot fahren wir zur Innenriffkante. Heinz hat nach kurzer Zeit einen Schnapper harpuniert. Wir schneiden zwei Filets aus dem Fisch und legen sie in einen salzwassergefüllten Kübel um sie frisch zu halten. Erst als die Sonne untergeht, enthäuten wir die Filets und bestreichen sie mit einer würzigen Knoblauchsauce. Dann brennen wir am Strand ein großes Lagerfeuer ab um die Filets zu grillen.

Während des Essens hocken wir im Sand – den Blick auf die Palmen der kleinen Nachbarinsel gerichtet, die wie schwarze Scherenschnitte vor dem Abendhimmel stehen. Ein angeschwemmter Baumstumpf dient als Rückenlehne. Der Fischgeruch lockt die Einsiedlerkrebse an. In schweigsamen Regimentern rücken sie vorsichtig näher – wie schwarze Billardkugeln, die den Strand überrollen.

Der kühler werdende Wind trocknet den Schweiß auf unserer Haut und lässt den Haaren einen klebrigen Rest von Feuchte. Nach dem Tee wandern wir am Strand entlang. Unsere Körper zeichnen längliche Schat-

… den Blick auf die Palmen der kleinen Nachbarinsel gerichtet,
die wie schwarze Scherenschnitte vor dem Abendhimmel stehen.

[Insel im Peros-Banhos-Atoll, Chagos-Archipel]

ten in den Sand. Es war Zufall, dass wir bei Vollmond auf die Insel kamen. Vor der Nordostspitze wirft er einen silbrigen Kegel auf die Atoll-Lagune. Auf der dünenartigen Sandzunge breiten wir die mitgebrachten Matten aus. Der Sand hat die Hitze des Tages noch in sich gespeichert.

Später, im Camp, versuchen wir unter freiem Himmel zu schlafen. Die Einsiedlerkrebse halten noch respektvollen Abstand, aber das starke Mondlicht hindert uns am Einschlafen. Auch das Getöse der Brandung am Außenriff dringt überdeutlich an unsere Ohren. Es klingt wie das dumpfe Grollen des Donners. Vollmond heißt Springflut. Das Wasser wird heute besonders hoch steigen, es könnte sogar den Schlafplatz überspülen.

Es ist weit nach Mitternacht, als wir aufstehen und ins Zelt überwechseln. Wir ziehen die Regenplane über, damit das Zeltinnere dunkler wird. Während Heinz bald einschläft, bleibt meine innere Uhr auf Alarm gestellt. Es ist wie in den Segelnächten, wenn ich Wache schob und den Horizont alle zwanzig Minuten nach Lichtern absuchte: Ich bin auf Abruf bereit, lasse Wachsamkeit über Trägheit siegen. Die erste Nacht auf der Insel ist mir unheimlich.

Rund ums Zelt knistert und raschelt es. Ich weiß nicht, wer die Geräusche verursacht. Sind es die Einsiedlerkrebse, die sich in die Kokosnüsse vorarbeiten, sich am Kokosmark satt fressen? Die dumpfen Aufschläge, die von Zeit zu Zeit ertönen, interpretiere ich richtig: Es sind Kokosnüsse, die krachend durch das Geäst fallen.

Über dem Zelt lispeln die Palmblätter im Wind. Wenn sie aneinander streifen, klingt es wie das leise Trommeln des Regens auf ein Holzdach. Fragend blicke ich hinaus. Durch das feinmaschige Moskitonetz am Zelteingang schimmern mir die Sterne entgegen. Sie allein strahlen Gleichmut und Ruhe aus, bilden den Gegenpol zum geräuschvoll ansteigenden Wasser und den unheimlichen Geräuschen der Nacht.

Während Heinz noch schläft, trete ich leise vor das Zelt. Viele Wochen sind wir schon auf der Insel. Wie jeden Morgen kurz vor Sonnenaufgang führt mich mein erster Weg hinunter zum Strand, wo ich einen Blick hinüber zu unserem in der Atoll-Lagune ankernden Boot werfe. Es steht noch wohlbehalten auf seinem Platz.

Die Ebbe hat das Meerwasser bis hinter das Außenriff gezogen. Die gesamte Riffplatte ist freigelegt, unser Schlauchboot liegt auf dem Trockenen. Die Zacken der Korallen ragen wie schroffe Miniaturbergketten zwischen den einzelnen Wassertümpeln hervor. Man könnte auf dem Riff zur nächsten großen Insel marschieren, ohne nass zu werden.

Ich wandere am Strand zur kleinen Nachbarinsel und erwarte den Sonnenaufgang. Über dem östlichen Horizont liegt ein orange-grauer Dunstschleier, den die emporsteigende Sonne erst durchwandern muss. Dann blitzen die ersten Strahlen über der Lagune auf und ich spüre sie von Minute zu Minute deutlicher im Gesicht.

Im Camp erwarten mich unzählige Einsiedlerkrebse. Wie jeden Morgen versucht die eine Hälfte sich in den Dschungel davonzustehlen, während sich die andere blitzschnell in ihre Gehäuse zurückzieht. Schuldbewusst sind sie alle. Die Krebse fügten uns einigen Schaden zu: Sie fraßen Löcher in unsere Vorratsbehälter, stießen voll gefüllte Teetassen um, verschleppten Küchengeschirr, vertilgten die Putzschwämmchen. Einmal waren wir nahe dran, sie einzusammeln und eimerweise auf die nächste Insel zu transportieren. Aber wir können ihnen nie richtig böse sein.

Mit einer Handvoll trockener Kasuarinennadeln und einigen Ästen mache ich Feuer. Wir lassen uns Zeit mit dem Frühstücken und beobachten den Fluss, wie er wächst. Vertrocknete Palmwedel gleiten auf der Wasseroberfläche an uns vorüber. Ein Schwarm kleiner Fische schwebt wie eine dunkle Wolke im Wasser. Manchmal lässt er sich mit den Wellenzungen ganz ans Ufer spülen. Räuber sind darin leicht erkennbar. Sobald sie in die amorphe Fischmasse eindringen, teilt sie sich blitzschnell vor ihnen – die kleinen Fische springen in Panik aus dem Wasser – und ebenso rasch schließt sie sich wieder.

Das Inselleben hat uns ruhig gemacht. Seit Wochen sind wir von allem abgeschnitten, was Stress oder Ärger verursachen könnte. Wir sind frei von drückenden Gedanken, die Sinne unbeeinflusst vom Tun anderer: Niemand trägt Probleme, Konflikte, an uns heran; niemand zwingt uns, Reaktionen zu zeigen und Handlungen zu setzen. Anstatt zu handeln, lassen wir die Dinge lieber geschehen. Die Insel verlangt nach Unterordnung und Demut und gebietet im Grunde nur eines: zu leben, zu sein.

Nie hätte ich geglaubt, dass ich über Wochen hinweg so ruhig, sanft und genießend sein könnte. Die Einsamkeit erlaubt mir Grenzen im Denken zu verleugnen, weil sie mir niemand aufzeigt. Niemand versucht meine Gedanken umzudeuten oder zu widerlegen. Dadurch werden sie weit. Das tropische Umfeld wirkt außerdem wie ein Lebenslust fördernder Katalysator. Wie die üppig wuchernden Tropenpflanzen sprießen die Gefühle und Bilder in uns: Wir reden oft von unserer Jugendzeit, dem Inseltraum, und erinnern uns an längst Vergessenes.

Wir sehen einen Bogen, der sich von unserer Jugend bis heute spannt, sehen auch den Weg, den wir gingen. Dass er hierher führte, war lange Zeit nicht absehbar. Wenn wir an die Reise zurückdenken, haben wir manchmal das Gefühl, tief abgetaucht zu sein in die Verstrickungen und Verwirrungen des Lebens, Fehltritte, Irrwege, Umwege gemacht zu haben. Und jetzt, da wir eine Zeit lang innehalten, uns sammeln und neu orientieren, wird uns bewusst, dass all dies nötig war. Umwege sind Wege. Auch sie bringen uns weiter.

Vielleicht war es gut, denke ich, mit einem alten, reparaturanfälligen Boot losgefahren zu sein, nicht mit einem neuen. Vielleicht waren es gerade die vielen Probleme und Abenteuer, die uns vor zu großer Bequemlichkeit bewahrten und uns zwangen die Fahne hochzuhalten. Vielleicht konnten wir die ruhigen Momente und das Schöne, dem wir begegneten, eben darum so sehr genießen. Vielleicht kamen wir eben darum in einem Zustand der Bereitschaft und Empfänglichkeit hier an.

Heinz ist mit der Machete im Dschungel verschwunden um ein frisches Palmherz für das Abendessen zu holen. Ich setze mich auf die Sitzbank, lege ein paar Blätter Papier auf die zerschundene Tischplatte und nehme einen Bleistift zur Hand. Noch ist es angenehm schattig und kühl. Keine Moskitos. Wie an den Vormittagen zuvor versuche ich ein paar Zeilen zu schreiben. Es sind die ersten Zeilen dieses Buches.

Vormittags wussten wir nie, was wir nachmittags tun würden.
Eine große Gleichgültigkeit gegen die Zeit erfasste uns wieder.

[Der Meerwasserpool vor unserem Camp bei Flut]

Eines Vormittags saßen wir eng umschlungen in unserer Hütte. Da drangen unvermittelt Laute an unsere Ohren, die wie fernes Lachen klangen. Wir sprangen auf und zogen uns eilig die Badekleider an. Schon der erste unruhige Blick, den mir Heinz zusandte, sagte mir, dass er die Fassung verloren hatte, noch ehe wir überhaupt wussten, was los war. Der hektische Ausdruck in seinem Gesicht, das seit Wochen so entspannt gewirkt hatte, war ein Keulenschlag für mich. Die Idylle war zerbrochen, wir verspürten plötzlich wieder Stress.

Auch ich sah unseren Garten Eden bedroht und war von der ersten Sekunde an bereit ihn zu verteidigen. Ich dachte: Nun kommen die britischen Beamten aus Diego Garcia und verjagen uns von der Insel! Aber es kamen keine Briten sondern bloß vier Franzosen, die Crew der ISTAR: zwei halbwüchsige Kinder und ihre sehr netten Eltern. Sie waren Weltumsegler wie wir und hatten unseren Katamaran vor der Insel ankern gesehen. Das hatte sie neugierig gemacht.

Sie zeigten sich sehr beeindruckt von der Schönheit unseres Camp-Platzes. Die Kinder waren sofort begeistert von unserer Schaukel und dem Pool vor der Hütte. Voll Übermut sprangen sie von der schräg gewachsenen Palme ins Wasser, doch schon nach kurzer Zeit hatte der Junge eine Platzwunde am Kopf. Seine Eltern mussten ihn verarzten. Als wir am Abend zum Essen auf ihr Boot eingeladen wurden, lachte er wieder. Am nächsten Tag überließen wir den Franzosen das Camp, am übernächsten waren wir wieder allein.

Jeder war ein wenig enttäuscht, die Situation nicht besser im Griff gehabt zu haben. Der Vorfall hatte uns gezeigt, wie schwierig es war, die in größter Ruhe und Harmonie ausformulierten Lebensweisheiten und Erkenntnisse praktisch umzusetzen. Es war leicht sanft miteinander umzugehen, wenn niemand da war, außer der geliebte Partner. Es war leicht Menschen zu mögen, wenn man nicht gezwungen war mit ihnen zusammenzuleben.

Wir benötigten einen Tag um uns zu beruhigen und einen weiteren um unseren alten Rhythmus wiederzufinden. Ich hatte die Franzosen als

Störenfriede empfunden, beinahe als Angreifer. Mein Ego hatte sich innerhalb kürzester Zeit aufgeblasen wie ein Ballon. Um die Idylle wiederherzustellen musste die Luft schleunigst raus. Der Vorfall beschäftigte uns noch eine Zeit lang. Uns wurde klar, dass sich das Gefühl des Losgelöst- und Abgehobenseins nicht aufrechterhalten ließ, sobald wir in die Zivilisation zurückkehrten.

Die verbleibende Zeit genossen wir deshalb umso mehr. Vormittags wussten wir nie, was wir nachmittags tun würden. Eine große Gleichgültigkeit gegen die Zeit erfasste uns wieder. Es gab keine Tagesplanung, nur die Mahlzeiten bildeten Fixpunkte. Dies war kein Dolce-far-niente, eher ein wachsames Leben in der Gegenwart. Die Eingebungen des Augenblicks bestimmten das Tun. So gingen wir niemals zu bestimmten Zeiten auf Fischjagd. Wenn sich eine Gruppe von Stachelmakrelen in der Lagune aufhielt, warf Heinz die Wurfangel mitten in den Schwarm. Meist hing gleich ein zappelnder Fisch an der Leine. Wenn sich draußen am Meer Vögel zeigten, die kreischend im Meer fischten, wussten wir: Thunfische waren dort. Rasch stiegen wir ins Schlauchboot um mit der Schleppangel nach ihnen zu jagen.

Unsere Lebensmittelvorräte schrumpften allmählich auf wenige Kilo Trockenmilch, Mehl, Zucker, Reis und einige Konservendosen zusammen. Die letzten schrumpeligen Kartoffeln waren biegsam wie Gummi und sehr kostbar. Darum schmeckten sie so köstlich. Die zeitweilig heftigen Regenschauer konnten unserem Wohlgefühl wenig anhaben. Die Natur selbst erschien uns unglaublich friedvoll – weit friedvoller, als es Menschen je sein konnten.

Was sich beim Auftauchen der Franzosen sozusagen im Kleinen ereignete, wiederholte sich bei unserer Rückkehr nach Österreich im Großen. Schon im Flugzeug von Bangkok nach Wien wurde uns vor Augen geführt, dass Muße und Einkehr nicht mehr gefragt waren. Die neben uns sitzenden Passagiere, allesamt Österreicher, spielten fröhlich Karten und tranken reichlich Dosenbier aus dem Bordkühlschrank. Eine der Kartenspielerinnen hockte stundenlang auf der linken Armlehne meines Sessels, ohne mich zu fragen, ob es mich störte.

In Wien übernachteten wir bei meiner Tante. Früh am Morgen gingen wir spazieren. Die Stadt schlief noch, der Morgenverkehr hatte noch nicht eingesetzt. Überall waren Tauben: Am Gehsteig pickten sie nach Körnern. In Schwärmen flatterten sie über die Dächer. An der Alten Donau gurrten sie in den Baumkronen. Es gab braun-weiße mit roten Beinchen und grau-schwarze. Keine war wie die andere. Der Morgen schien nur ihnen zu gehören. Acht Jahre hatten wir in Wien gelebt, doch die Tauben waren uns nie mit solcher Intensität aufgefallen.

Wenige Monate später waren Tauben für uns uninteressant geworden. Wir blickten durch eine Brille, die Unnützes und Unwesentliches herausfilterte. Tauben hatten keinen praktischen Nutzen. Wir versuchten diesem schrittweisen Anpassungsprozess zu entgehen. In unserer Wohnung stand kein Fernseher, denn wir wollten die eigene Kreativität fördern und uns nicht durch Scheinwirklichkeiten beeinträchtigen lassen. Wir lasen nur wenige Zeitungen, weil wir zu wenig Positives darin fanden. Wir suchten nicht nach Ablenkungen und Zerstreuungen. Dafür setzten wir die in Sri Lanka und Thailand erlernten Meditationsübungen fort, rauchten Wasserpfeife bei arabischer Musik und schwelgten in Erinnerungen.

Mir viel es leicht, den Insel-Zustand zu leben, denn ich arbeitete zu Hause am Buch. Heinz hatte es schwerer. Er kehrte an seinen alten Arbeitsplatz in München zurück. Der berufliche Wiedereinstieg bereitete ihm kaum Probleme, aber nach etwa einem halben Jahr verlor er seine Unbekümmertheit. Er neigte dazu, die Dinge mehr und mehr von einem analytisch-kritischen Standpunkt aus zu betrachten. Irgendwann hatte ihn der Stress verschluckt und für das Meditieren fand er keine Zeit mehr. Er sah ein, dass die leistungsorientierte Welt mit der Insel-Welt unvereinbar war.

Wir wollen Pendler zwischen beiden Welten bleiben und sind bereit wieder aufzubrechen um Stück für Stück auf unserem Weg vorwärtszukommen. Diese Reise zeigte uns die Grenzen unserer physischen und psychischen Belastbarkeit auf, ließ uns mit und in der Natur leben – als Segler, Bergsteiger, Taucher und zeitungebundene Reisende – brachte uns den arabischen und afrikanischen Kulturkreis näher und führte zum Schluss in eine Welt der Verinnerlichung. Wir lernten uns dadurch besser kennen, ganz im Sinne des Grafen Keyserling: Der kürzeste Weg zu sich selbst führt um die Welt herum.

Die VENETIA CLAIRE steht in Thailand und wartet auf uns. Wir können es kaum erwarten, sie wieder zu sehen. Der Gedanke an sternenklare Segelnächte putscht uns auf wie eine Tasse starken Kaffees. Wir sind glücklich, wenn wir uns am Boot dahinsegeln sehen – ein schneeweißes Segel in der Weite eines Ozeans –, denn wir wissen: Auch die nächste Reise wird uns weiterbringen. Mit jedem Tag, da die Rückkehr näher kommt, ist es, als ob wir ein Stück unseres Gepäcks abwerfen dürften. Übrig bleiben werden Tatendrang, Abenteuerlust und eine große Vorfreude auf den neuerlichen Reisebeginn.

Wir sollen heiter Raum um Raum durchschreiten,
An keinem wie an einer Heimat hängen,
Der Weltgeist will nicht fesseln uns und engen,
Er will uns Stuf' um Stufe heben, weiten.
Kaum sind wir heimisch einem Lebenskreise
Und traulich eingewohnt, so droht Erschlaffen,
Nur wer bereit zu Aufbruch ist und Reise,
Mag lähmender Gewöhnung sich entraffen.
Es wird vielleicht auch noch die Todesstunde
Uns neuen Räumen jung entgegensenden,
Des Lebens Ruf an uns wird niemals enden...
Wohlan denn, Herz, nimm Abschied und gesunde!

[Hermann Hesse, Stufen]